Tudo tem seu tempo

PHILIP GULLEY

Tudo tem seu tempo

Histórias encantadoras para celebrar os altos e baixos da vida

SEXTANTE

Publicado originalmente com o título:
For Everything a Season: simple musings on living well

Publicado em acordo com a HarperCollins Publishers, Inc.

tradução
Marilena Moraes

preparo de originais
Valéria Inez Prest

revisão
Antonio dos Prazeres
Sérgio Bellinello Soares

projeto gráfico e diagramação
Valéria Teixeira

capa
Miriam Lerner

fotolitos
RR Donnelley América Latina

impressão e acabamento
Lis Gráfica e Editora Ltda.

CIP-BRASIL. CATALOGAÇÃO-NA-FONTE
SINDICATO NACIONAL DOS EDITORES DE LIVROS, RJ

G983t Gulley, Philip
Tudo tem seu tempo / Philip Gulley; tradução de Marilena Moraes. – Rio de Janeiro: Sextante, 2005.

Tradução de: For everything a season: simple musings on living well
ISBN 85-7542-184-0

1. Gulley, Philip. 2. Vida cristã – Anedotas. 3. Vida cristã – Escritores quacres. I. Título.

05-1880. CDD 248.4
CDU 242

GMT Editores Ltda.
Rua Voluntários da Pátria, 45 – Gr. 1.404 – Botafogo
22270-000 – Rio de Janeiro – RJ
Tel.: (21) 2286-9944 – Fax: (21) 2286-9244
E-mail: atendimento@esextante.com.br
www.sextante.com.br

Sumário

Prefácio

Desmentidos e dedicatórias

Durante todos os meus anos de atuação como pastor quacre, sempre li o terceiro capítulo do Eclesiastes nos funerais. Faço isso por dois motivos. Em primeiro lugar, por sua inegável beleza. No fim, admiradas, as pessoas vêm me perguntar de onde eu tiro aquelas palavras. "Da Bíblia. Antigo Testamento. Livro do Eclesiastes", respondo, no fundo com inveja por essas palavras não serem minhas.

Em segundo lugar, pelo fato de eu ter descoberto que o capítulo 3:1-8 do Livro do Eclesiastes é um resumo preciso da nossa vida, do nascimento à morte, e de passagens entre esses dois acontecimentos. Nosso caminho não é um mar de rosas. Há o tempo de rir e há o tempo de chorar. Respeito essa honestidade.

Pensava que alguém tinha que escrever histórias a respeito dessas lindas palavras. Quando vi que ninguém se propunha a fazê-lo, entendi que era um sinal de Deus indicando que essa tarefa cabia a mim. Este livro é o resultado desse trabalho.

E não foi sem esforço que o escrevi. Ao lado de "um tempo de paz" há um "tempo de guerra". O que deve fazer um pacifista quacre? Quando eu chegava a esse trecho na leitura dos funerais, elevava a voz em "um tempo de paz" e apenas murmurava "e um tempo de guerra". As pessoas pensavam que eu estava dizendo "um tempo de primavera", como se fosse "tempo de flores", e sorriam contentes. Mas isso não é algo que se possa fazer em um livro, então tive que enfrentar a situação.

Uma vez me perguntaram se eu escrevia as histórias da maneira como tinham acontecido ou como deveriam ter acontecido. Das duas formas, respondi. Embora todas as histórias tenham sua origem, sempre acrescento alguma coisa. Nunca houve uma história que não pudesse ser ligeiramente melhorada, então não peço desculpas.

Este livro é dedicado a uma mulher cujo nome não sei, que se aproximou de mim em uma livraria para agradecer por minhas histórias, um conforto para ela e o marido no período em que ele estava à morte, com câncer. Também o dedico a todos os leitores que me estimularam a escrever.

Dedico-o ainda à minha avó, Norma Quinett, dona de um coração terno e afetuoso, invejado até pelos anjos.

Tudo tem seu tempo

Eclesiastes 3:1-8

Tudo tem seu tempo, há um momento oportuno para cada empreendimento debaixo do céu.

Tempo de nascer, e tempo de morrer;

Tempo de plantar, e tempo de colher a planta;

Tempo de matar, e tempo de sarar;

Tempo de destruir, e tempo de construir;

Tempo de chorar, e tempo de rir;

Tempo de gemer, e tempo de dançar;

Tempo de atirar pedras, e tempo de ajuntá-las;

Tempo de abraçar, e tempo de se separar;

Tempo de buscar, e tempo de perder;

Tempo de guardar, e tempo de jogar fora;

Tempo de rasgar, e tempo de costurar;

Tempo de calar, e tempo de falar;

Tempo de amar, e tempo de odiar;

Tempo de guerra, e tempo de paz.

Capítulo 1

Tempo de nascer

Histórias de nascimento

Nasci em um dia de inverno rigoroso. No meu aniversário, meu pai sempre telefona para contar, mais uma vez, os fatos ligados ao meu nascimento. Nossos filhos estão dormindo no seu quarto embaixo da água-furtada. Minha mulher e eu estamos sentados na frente da lareira. Ela se ocupa de um bordado e eu leio um livro de mistério. O telefone toca. Levanto-me e vou até à cozinha atender.

– Alô.

É meu pai, que não diz "alô" nem "como vai?", mas faz a mesma pergunta de todos os aniversários:

– Já contei a você o que aconteceu na noite do seu nascimento?

– Acho que não – respondo.

– Eram oito horas da noite quando sua mãe entrou em trabalho de parto. Lembro a hora porque o seriado de faroeste *Gunsmoke* estava começando. Caía uma fortíssima tempestade de neve. Era tanta neve que mal podíamos ver a casa vizinha. Entramos no carro para ir ao hospital na cidade. O sistema que impede os vidros de ficarem embaçados não funcionava, e eu não conseguia ver nada. Tive que dirigir trinta quilômetros com o rosto para fora. Fazia tanto frio que minha pele ficou ferida. Depois que avancei um sinal vermelho, um guarda me parou e disse que ia me multar. Sugeri que se apressasse, pois minha mulher estava prestes a ter um bebê. O policial disse: "Siga-me!" Fui atrás do carro da polícia, que estava com as luzes e a sirene ligadas, até o hospital onde você nasceu. Você teve uma escolta policial até à casa de saúde. Nem todas as pessoas podem dizer isso. Esse fato o torna fora de série.

Ao me colocar na cama quando eu era criança, mamãe beijava minha testa e depois saía do quarto. Papai entrava, sentava-se ao pé da cama e perguntava:

– Já contei a você o que aconteceu na noite do seu nascimento?

– Acho que não – eu respondia.

Ele então se inclinava para trás, fechava os olhos e trazia de volta aquelas lembranças – a neve, as luzes vermelhas girando e o barulho da sirene. Ouvi essa história quase quarenta vezes e nunca me cansei. Todo ano fico pensando nas mesmas coisas: será que vão conseguir chegar a tempo? Eu vou ficar bem? Claro, pois estou aqui. Mas a forma como meu pai conta a história não dá certeza quanto ao fim. Só relaxo quando tudo termina e minha mãe dá à luz com toda a segurança.

Na época em que eu era adolescente, sempre que meu pai e eu brigávamos, lembrava-me de como ele havia ficado com o rosto congelado para que eu pudesse chegar são e salvo a este mundo... e com isso meu coração amolecia. Eu era uma criança magrinha, vítima de zombarias. Sempre que os garotos me batiam e me ridicularizavam, consolava-me o fato de ter chegado ao mundo com escolta policial, e eles não. Essa história foi um lindo presente que ganhei de Deus. Ele não pôde me dar riqueza nem fama para tornar meu caminho mais fácil, então me deu essa história, que me confortava profundamente.

Minha maior tristeza é que não posso oferecer aos meus filhos uma história parecida. O nascimento deles foi mera rotina, uma vez que nascimentos são sempre rotina. Tivemos tempo suficiente para chegar ao hospital. Nenhum tráfego no caminho. Não houve problema com o carro. Minha mulher estava calma. Os médicos e as enfermeiras foram competentes, e nossos filhos nasceram com o mínimo de dor. Eu, pelo menos, não senti nada.

Quando meu filho mais velho fez cinco anos, me perguntou: "Papai, o que aconteceu quando eu nasci?" Eu não queria dizer a verdade: que, como costuma acontecer com nascimentos, o dele fora comum, com apenas uma peculiaridade. Quando ele estava quase nascendo, eu me encontrava na sala de espera do hospital lendo a seção "Flagrantes da Vida Real", em uma edição antiga da *Reader's Digest*. Um homem tinha saído da estrada e caído em um precipício, onde ficou machucado e em choque por três dias antes de conseguir escrever SOCORRO com pedras e galhos. Localizado por um avião, foi resgatado e depois pôde contar sua história dramática.

Quando acabei de ler o angustiante relato, a enfermeira bateu à porta e disse: "Sua mulher está tendo o bebê. É melhor o senhor vir depressa."

Fui até lá, e cinco minutos depois meu filho nasceu. Essa é a verdade, embora não seja o tipo de história que eu queira contar a ele. Não chega a ser uma história especial. Assim, quando ele me perguntou o que acontecera no dia do seu nascimento, beijei sua testa e me sentei ao pé da cama.

– Seu nascimento foi fora do comum. Quase um milagre. Foi no meio do inverno, nevava. Era tarde e estávamos na sala. Sua mãe começou a sentir as dores. Pegamos o carro para ir ao hospital. As pistas estavam tremendamente escorregadias. No meio de uma curva, o carro deslizou e despencamos em um precipício. Ficamos feridos e atordoados. Sua mãe, presa nas ferragens, mal podia se mexer. Embora com dificuldade, eu ainda conseguia me movimentar. Saí por uma janela, catei umas pedras e galhos e escrevi no chão SOCORRO. Na manhã seguinte, um avião que estava circulando na área nos localizou e nos resgatou. Fomos levados rapidamente para o hospital, e você nasceu sem problemas. Essa, meu filho, é a história do seu nascimento.

Ele se encheu de orgulho. Não tinha idéia de que sua vida se iniciara de forma tão dramática.

– Conte de novo – ele pediu.

– No ano que vem – respondi. – Você vai ter que esperar até o próximo aniversário.

Dei-lhe um beijo de boa-noite e fui para a sala, onde estava minha mulher.

– Sobre o que você e Spencer estavam conversando?

– Estava contando sobre a noite em que ele nasceu – disse.

– Contou que a enfermeira teve que ir chamar você na sala de espera porque você estava lendo aquela história na *Reader's Digest?*

– De forma indireta – respondi.

– Espero que não tenha colocado minhocas na cabeça dele – disse ela.

Minha mulher é séria e direta, não gosta de se valer de histórias e dramas. Não vê necessidade de florear o que aconteceu no dia do seu nascimento. Sua mãe deu à luz sozinha depois de receber a visita do médico. Com um nascimento assim, não é preciso exagerar. Já é milagre suficiente.

Subi de novo até o quarto para falar com Spencer.

– Acho melhor você não falar com sua mãe sobre o acidente de carro no dia em que você nasceu. Ela não vai suportar se lembrar da história.

Meu aniversário foi dali a algumas semanas. Meus pais nos convidaram para jantar no domingo. Estávamos à mesa e pedi a ele:

– Conte sobre o dia do meu nascimento, sobre o policial e a neve.

– Que policial? Que neve? – perguntou minha mãe.

– O policial que escoltou você e papai até o hospital na noite em que eu nasci. Lembra? Estava chovendo, o vidro estava embaçado e papai queimou o rosto por ter que dirigir trinta quilômetros com o pescoço para fora da janela.

– Não estava nevando, estava estranhamente quente naquele dia – retrucou minha mãe. – E ele só me levou ao hospital depois que o seriado *Gunsmoke* acabou. Era o programa favorito dele, você sabe. Ele quase lhe deu o nome de Festus, o personagem de Ken Curtis.

Olhei para meu pai, que estava do outro lado da mesa. Ele sorriu, piscou e não disse nada. Tudo aquilo era invenção – nada de neve, polícia, queimadura de frio, sirene nem luzes piscando. Mas era minha história, verdadeira ou não, e eu estava agradecido por ela. Eu não possuía riqueza, fama, músculos nem beleza física para facilitar minha vida neste mundo, porém tinha minha história. Dada por meu pai. Era um presente dele, oferecido com amor, e eu o guardava como um tesouro.

Mais tarde, já em casa, o telefone tocou. Era meu pai.

– Diga: já contei a você o que aconteceu na noite do seu nascimento? – perguntou.

– Acho que não – respondi.

Ele falou da neve que caía, do sinal vermelho, do policial...

– Nem todas as pessoas têm uma escolta policial – fez questão de ressaltar. – Isso torna você fora de série.

Essas são histórias passadas de pai para filho. Não possuímos riqueza para deixar nem fama para oferecer. Temos apenas essas histórias para lembrar aos nossos filhos de que, no dia em que nasceram, o mundo normal ficou em suspenso e milagres aconteceram.

Capítulo 2

Tempo de morrer

Sobre o enterro cristão

Conheço uma senhora chamada Alice que acabou criando uma situação em que precisava morrer, e logo.

Alice e eu pertencemos ao mesmo grupo quacre. Ela já enterrou dois maridos e é viúva desde 1957. Ambos foram sepultados com suas primeiras mulheres, nas respectivas cidades natais. O túmulo que minha amiga já escolheu para si mesma fica no cemitério de Glen Cove, em Knightstown, ao lado da sepultura do seu pai.

Mas há um problema – ela está preocupada com a lápide. Em 1981, quando tinha 73 anos, mandou gravar na pedra seu nome e o ano de nascimento, 1908, e, acreditando que ia morrer no século XX, mandou gravar 19- para o ano de morte. Os números foram fortemente marcados, de modo que ela agora vai precisar solucionar o problema da lápide.

Alice quase morreu em 1998, aos 90 anos, o que teria resolvido a questão. Seu filho, Jack, chegou a contratar uma acompanhante para ela, mas a moça ficou doente, e foi minha amiga que acabou cuidando dela.

"Coitada. Não comia direito", disse-me Alice. Então lhe deu vagem, alface e brócolis e, em três dias, as duas tinham melhorado. Alice atribui suas boas condições de saúde a uma vida regrada – não fuma, não bebe, não toma café nem refrigerante e come pouca carne vermelha. Gosta especialmente de vagem, alface e brócolis.

Aos poucos ela foi desistindo de se preocupar com a lápide. "Esse problema vai ter que ser resolvido por outra pessoa." Jack, naturalmente. "Ele é um bom garoto. Vai encontrar a solução."

Não sei bem o que quero que conste da minha lápide nem sequer se desejo uma. Penso em ser cremado, apesar das objeções de um conhecido meu que é testemunha-de-jeová e é contra a cremação. Segundo ele, quando Jesus estabelecer Seu reino na Terra, retomaremos nossos corpos. A não ser, obviamente, que tenhamos sido cremados. Há um versículo na Bíblia no qual ele baseia essa idéia, e é impossível convencê-lo do contrário.

Optei pela cremação pelo fato de um caixão de cerejeira custar quatro mil dólares, o quanto recebi no meu primeiro ano de trabalho. Embora atualmente ganhe mais, esse valor ficou na minha mente como o salário de um ano. Eu trabalhava em um supermercado empacotando verduras, empilhando garrafas de refrigerantes, limpando o chão quando potes de vidro se quebravam e varrendo o estacionamento. Era isso que eu fazia diariamente após a escola e o dia inteiro nos sábados. Ganhei quatro mil dólares naquele ano. Não vou gastar esse dinheiro com um caixão, mesmo que seja de cerejeira.

Conheço um homem da seita religiosa *amish* que faz caixões de pinho com alças de corda por cem dólares. É um preço justo para um caixão. Estou pensando em comprar um desses e guardá-lo na garagem para quando eu precisar. Ele dá cem anos de garantia para os caixões que fabrica. Assegura que, se o cliente voltar em cem anos para substituir o caixão, ele lhe fornecerá um novo de graça.

Se eu for enterrado em um caixão, terei que ficar em um cemitério, o que não desejo. Quero ser sepultado no campo, atrás do celeiro dos meus pais, sob o pinheiro onde enterramos o corpo da nossa cadela Zipper em 1977. Como nossa cidade proíbe enterros em áreas domésticas, a cremação parece ser uma opção melhor. Minhas cinzas devem ficar perto de Zipper, espalhadas pelo chão ou em uma caixa. Para mim não faz diferença. Se minha mulher quiser, pode mandar depositar suas cinzas ali também. Ela não conheceu Zipper, mas creio que teriam se dado bem.

Quanto à música, há certas canções que eu gostaria que fossem executadas no meu funeral, especialmente *Blessed Assurance* (Abençoada segurança), *Abide with Me* (Permaneça comigo) e *Leaning on the Everlasting Arms* (Recostando-me nos braços eternos). Também apreciaria se tocassem Mozart, desde que fizessem isso muito bem. Não quero rock. Há uma certa tendência a escolherem rock quando se trata de pessoas que morrem jovens, e isso não me agrada. Se a música não tiver sido composta antes de 1940, não deverá ser tocada nem cantada no meu enterro.

Espero que escolham bem quem vai falar na cerimônia. Nada de sermão. As pessoas já se sentem bastante culpadas em enterros, não precisam ser lembradas de se sentir assim ainda mais. Prefiro que um pregador bondoso fale, alguém inclinado a abrir as portas do céu. Não quero que ninguém fique imaginando se consegui chegar lá.

Como pastor quacre, já oficiei muitos funerais. Mas nós os chamamos de serviços memoriais. Falamos coisas agradáveis sobre o morto, não importa se ele merece ou não. Então lemos o Salmo 23 e o Evangelho de São João sobre as mansões celestes. Depois, reunidos em grande número, refletimos. Quacres simples em mansões simples.

Alice acredita que toda a sua família esteja ali – o pai, a mãe, os oito irmãos, os dois maridos. Ela amou os dois maridos e não sabe com qual deles dividirá a mansão.

Antigamente era barato morrer, mas não é mais. Há fabricantes de caixões, donos de cemitérios, floristas, músicos, proprietários de funerárias, os que gravam inscrições nas lápides, coveiros, etc. Todos têm alguma coisa para oferecer. A morte tornou-se um grande negócio.

Se eu estivesse para morrer, a última pessoa com quem ia querer estar seria o dono da funerária. Primeiro, jogaria bola com meus filhos. Eles sempre me pedem que treine com eles e invariavelmente respondo que não tenho tempo. É cruel dizermos isso aos nossos filhos. Espero que eles não tenham essa lembrança de mim.

Eu chamaria meu pai e pediria que me contasse pela última vez a história do meu nascimento, como cheguei a este mundo de forma impressionante. Saber que Deus cuida de mim desde a hora em que nasci me enche de confiança.

Depois desses encontros, correria para minha mulher. Pediria que me perdoasse pelas muitas vezes em que me preocupei mais com a minha felicidade do que com a dela. Durante os primeiros oito anos do nosso casamento, Joan trabalhou em expediente integral para que eu pudesse terminar a faculdade. Retribuí de mau humor, recusando-me a colaborar no trabalho de casa. No dia em que nos casamos, prometemos nos ajudar mutuamente. Minha mulher levou esse compromisso mais a sério do que eu.

Depois disso, conversaria com Deus sobre as mansões celestes para saber sobre as vagas. Não seria exigente. Prefiro ter um quartinho simples na casa do Senhor a uma mansão no andar de baixo. Finalmente, abriria meu livro de hinos e iria ao de número 452 – *Leaning on the Everlasting Arms* – e cantaria ao céu. Cantaria a bendita paz tendo meu Deus tão perto. Em seguida me aninharia no caixão de pinho, a salvo e livre de todos os medos.

A morte desperta nossa mente para o que é mais importante. Separa o joio do trigo. A vida não tem a ver com dinheiro, mansões, carros de luxo nem títulos. Ela está ligada à família, aos amigos e à nossa relação com Deus e com o amor. Não podemos colocar tudo isso em uma lápide, então gravamos ali nosso nome e as datas de nascimento e morte, esperando que, em algum ponto entre elas, a vida tenha sido bem vivida.

Capítulo 3

Tempo de plantar

Marvin

Nunca tive tantas boas idéias diariamente
como na época em que eu trabalhava em um jardim.
John Erskine

Se o que John Erskine diz é verdade, isso explica por que nos últimos dez anos eu sofri da falta de boas idéias. Fazia muito tempo que tínhamos nos ocupado de um jardim.

Agora voltamos à jardinagem, embora a convenção do nosso bairro proíba jardins visíveis da rua. Como moro em uma esquina, qualquer coisa que eu faça no meu quintal pode ser vista da calçada. Mas não há exceção para meu caso: *nenhum jardim deve ser visível da rua*. Ainda que os encarregados de zelar pela área não sejam específicos, naturalmente eles se referem a hortas, uma vez que há muitos jardins floridos na frente das casas. Eles não gostam é de vegetais.

Não sei quem inventou essa regra; alguém que não mora por aqui. A maioria de nós está apenas a uma ou duas gerações da fazenda, e preferimos ter os legumes fresquinhos na horta a comprar os que vêm da Argentina. Juramos nos túmulos dos nossos pais jamais comer legumes embrulhados em plásticos com data de validade. Queremos nós mesmos limpar a terra dos vegetais. É uma questão de integridade.

A vizinhança se revoltou. As pessoas têm violado a regra a torto e a direito, a maioria delas discretamente. Escondem os tomates atrás de arbustos de lilases e as vagens em meio a cravos amarelos. Outros, mais ousados, pecam de forma mais aberta. Chamamos Dave Kisner, que vem com seu trator em plena luz do dia, baixa o arado e faz sulcos profundos na terra, visíveis à distancia de duas ruas. Não nos limitamos a vegetais modestos, como beterraba e cebolas. Plantamos pés de feijão apoiados em estacas, grandes pés de milho, além de abóboras e melões de bom tamanho. Temos orgulho dos nossos vegetais e fazemos questão de ostentá-los.

Nosso jardim tem quase oito metros de largura por nove de comprimento, pouco para os padrões locais. Cultivamos três canteiros de flores – zínias, bromélias, cosmos, dálias e girassóis com listras cinza. Na horta, plantamos brócolis, feijão, vagem, abóboras e milho. Cercamos a área com cravos amarelos para afastar os coelhos.

Portanto, temos uma bela horta, que serve muito bem a dois propósitos: nos supre de comida e ensina aos nossos filhos o valor do trabalho honesto. É a horta deles. Eles plantam as sementes e carregam a água. Nem sempre arrancam as ervas daninhas e às vezes regam a terra sem muito critério: algumas plantas são afogadas enquanto outras morrem de sede, mas meus meninos estão criando músculos e aprendendo a respeitar a natureza e o trabalho duro.

O problema hoje é que não nos dedicamos mais ao cultivo de plantas. Não há regras contra video games e televisão no nosso bairro, e é assim que muitas crianças se distraem. Eu consideraria ilegal essas pragas que entorpecem o caráter e exigiria hortas. Mais do que permitirem o crescimento de vegetais, elas tornam possível o desenvolvimento do caráter. Não conheço os casos, mas aposto que esses garotos que se enfurecem e atiram em colegas de escola jamais cuidaram de uma horta ou de um jardim. Se isso tivesse acontecido, apreciariam a fragilidade da vida e, tendo trabalhado para zelar por ela, estariam menos propensos a aniquilá-la.

Algumas das melhores pessoas que conheço cuidam de hortas. Chama-se Marvin Rutledge e mora na rua Broadway, perto da casa dos meus pais. Ele se mudou para lá em 1943 com a mulher, Lorena. Estão lá até hoje. Na primeira primavera fizeram uma horta que tem noventa metros de comprimento por 35 metros de largura. No início, plantaram a metade do terreno com sorgo, um tipo de cereal. Quatro meses depois, colheram os grãos e os venderam para o moinho no sul da cidade. Marvin e Lorena tiveram três meninas, e o sorgo pagou suas despesas escolares. As garotas cresceram e foram viver a vida, o moinho acabou e, por isso, o casal não cultiva mais o sorgo.

Marvin é um grande adepto do sorgo. Mantém um pote cheio na mesa da cozinha e come esse cereal todas as manhãs. Diz que é bom para a saúde. Ele também gosta de quiabo e cultiva dois canteiros desse legume. É um bocado de quiabo. Além disso, o lado oeste da sua horta tem uns noventa metros de ruibarbo, outro vegetal que ele aprecia.

Marvin cultiva dois canteiros de tomate. Lorena enlata os tomates e os guarda em prateleiras no celeiro. Algumas pessoas possuem adegas para estocar vinho e outras bebidas; em Indiana, armazenamos esse vegetal. O conselho de Marvin para os que querem garantir uma colheita farta é que arranquem a primeira flor do tomateiro. Quem não deseja ter tantos tomates deve deixar a flor onde ela está.

Todo inverno ele e Lorena vão para a Flórida, onde possuem um trailer. Colocam as malas no banco de trás, deixando a caçamba para os quiabos, os ruibarbos e os tomates. O sorgo fica entre o casal, no banco da frente. Marvin dirige, enquanto Lorena faz o papel de co-piloto. Quando o marido tem fome, ela prepara um sanduíche de sorgo com manteiga, e lá se vão eles. São assim em tudo o que fazem. Uma dupla que dá certo.

Algumas pessoas, normalmente mais velhas, cuidam da horta orientando-se pelos signos, obedecendo a certas fases da Lua. Aqui é comum passarmos por um canteiro à meia-noite e vermos alguém, de lanterna acesa, enterrando batatas. Conheço fazendeiros que só trabalham dessa forma. Esperam o início do signo de Capricórnio, por exemplo, para matar porcos, de modo que a carne não encolha. Enterram estacas entre a lua cheia e a nova para que fiquem firmes. Vão ao dentista durante o signo de Aquário e pintam a casa na época de Áries ou de Leão. Perguntei a Marvin se ele plantava guiando-se pelos signos. Sua resposta foi que nunca tinha feito isso e que o melhor momento para se fazer alguma coisa é quando se tem tempo.

Não posso levar o crédito pela nossa horta. Nós a herdamos dos antigos moradores. Na praça há uma feira todos os sábados, e para nós seria conveniente comprar os legumes ali. Mas, como a terra já estava pronta, plantamos uma dúzia de tomateiros. Marvin então nos encorajou a cultivar feijão, o que nos levou ao brócolis, ao milho... Paramos no quiabo.

No Gênesis 2:8 é dito que o primeiro jardim foi plantado por Deus: "Depois o Senhor plantou um jardim no Éden, a leste; e ali colocou um homem que havia formado." Infelizmente não deu certo – o homem não ajudou muito. Depois Deus criou árvores no jardim, mas não foi uma boa idéia. Árvores fazem sombra, e os jardins precisam de sol pleno. Isso pode ter sido parte do problema.

Na última vez em que visitei Marvin, metade da terra estava arada, mas sem plantações. Perguntei-lhe o que ia cultivar ali. Ele respondeu: "Grama. A horta está crescendo e eu estou ficando velho." Marvin está falando em vender a casa e quer saber se estou interessado. A casa tem uns cem anos, a horta quase sessenta. Não acredito que possa cuidar nem de um nem de outro e lhe disse isso.

Nós nos sentamos na cozinha e comemos manteiga de amendoim e sanduíches de sorgo. Marvin me disse que espera vender a propriedade a alguém que seja um jardineiro. Ele espera que o novo proprietário lhe dê permissão para visitar a casa e se sentar sob a copa de uma árvore atrás da garagem, onde se sentou por sessenta anos, ouvindo os vegetais. "Conseguimos ouvir o milho crescer. Em julho, depois da chuva, sentados ali quietinhos, podemos ouvir o milho crescer."

Às vezes, no alto verão, sempre que como uma espiga de milho, penso em comprar a casa de Marvin e plantar milho. Colocaria duas cadeiras sob a copa da árvore – uma para Marvin e outra para mim. Nas noites de julho, depois da chuva, nós nos sentaríamos para ouvir o milho crescer e tudo ficaria bem. Creio que, quando Deus fez seu jardim, Ele talvez tenha imaginado isso.

Uma vez li um artigo sobre a possível localização do Jardim do Éden. O autor acreditava que ficava no Oriente Médio. Estava errado. Sei onde está o Jardim e conheço o homem que cuida dele. Apertei sua mão e comi o sorgo que ele planta.

Capítulo 4

Tempo de colher a planta

A colheita

Oficialmente, o verão no hemisfério norte acaba em 21 de setembro. *The Farmer's Almanac* (O almanaque do fazendeiro) registra até o minuto em que o verão termina e o outono tem início. Isso está relacionado à posição do Sol e da Terra. Mas o almanaque não leva em conta fatores mais relevantes. Para mim, o verão acaba quando as hastes dos girassóis murcham no nosso quintal, o tomate seca e as abóboras adquirem um forte tom alaranjado. Em alguns anos, isso acontece semanas antes do dia 21 de setembro; em outros, semanas depois. Não precisamos desse almanaque para saber quando é o fim do verão.

Há uma enorme harmonia entre a colheita e o outono. O milho morre assim que os vizinhos começam a se cansar de levá-lo para a soleira da porta. Esse cereal tem o bom senso de saber quando basta. Com a abobrinha é o contrário. Ela é um vegetal burro, que chega sem parar. Houve um ano em que plantamos abobrinha e tivemos que deixar sacos e sacos nos carros que estavam com as portas destrancadas no pátio da igreja. Isso nunca aconteceu com o milho.

Lá em casa, é maravilhoso colher o que plantamos. Mal podemos esperar que a primeira vagem amadureça. Meus filhos ficam na varanda, com as vagens entre eles, quebrando os talos e jogando-as em uma panelão aos seus pés. Joan frita bacon, ferve rapidamente as vagens, escorre a água e acrescenta o bacon. Se tivessem servido vagens na Última Ceia, garanto que Judas não teria deixado a mesa.

Meu pai aprecia tudo o que se refere à horticultura, menos a colheita. Gosta do cheiro da terra arada. Delicia-se em demarcar os canteiros. Fica ansioso para plantar, capinar e regar. Essas são tarefas que todos nós cumprimos para depois saborear a colheita. Mas, na época de colher, ele é um verdadeiro fracasso. Não quer saber das plantações. Os tomates apodrecem, os feijões murcham, o milho endurece. Um holocausto vegetal.

Ele cuida de um pedaço da terra de Marvin Rutledge. Quando encontro Marvin na reunião da igreja, ele me diz: "Lembre seu pai de ir apanhar os legumes e cereais." As pessoas vão visitar Marvin e se maravilham com a fartura dos seus canteiros. Ele aponta para o pedaço que pertence ao meu pai e explica: "Esta parte não é minha. É de Norm Gulley." Marvin passou sessenta anos construindo sua reputação de mestre da horticultura, mas sua fama está sendo manchada pela inércia do meu pai.

Eu, ao contrário, gosto da colheita – das tinas de tomates, das cestas de feijão e, em especial, das abóboras. No nosso primeiro verão, plantamos dez mudas de abóboras. Em julho, elas se espalhavam pela horta, entre tomates e feijões. Outras pessoas que tinham hortas paravam para admirar e riam, apontando para a plantação, pois normalmente as abóboras ficam agrupadas, e não entre girassóis e feijões.

Eu dizia: "É a horta da minha mulher. Ela a preparou com meus filhos. Eu não estava presente quando fizeram isso. Estava viajando."

Joan se defendia: "Eles que esperem o outono. Vão me implorar por uma abóbora."

Primeiro foi o milho que diminuiu. Depois o feijão e o tomate. Colocamos os girassóis para secar e guardamos as sementes para passarinhos. Os cravos amarelos morreram. Misericordiosamente matamos as abobrinhas. Então vieram as abóboras, abrindo caminho pelo jardim, invadindo o quintal. No início, quando usava o cortador de grama, eu me desviava delas cuidadosamente. Depois, alarmado com sua agressividade, determinei um limite. Não passariam do varal. Qualquer abóbora que ultrapassasse esse ponto seria retalhada pelo meu cortador de grama.

Nas semanas seguintes houve muitos relatos de abóboras massacradas. Miolos de abóboras eram espatifados pela horta. Horrorizados, meus filhos assistiam àquilo por entre os dedos. Daqui a anos eles vão acordar tremendo e gritando, tendo pesadelos com abóboras lançadas por cortadores de grama.

Em outubro, vinte abóboras tinham sobrevivido. Dei-lhes anistia. As folhas de outono estavam no auge da beleza. As noites eram frias. As janelas dos quartos, abertas desde abril, agora estavam trancadas. Passei graxa no cortador de grama e depois de retirar seu combustível o guardei no canto da garagem. Enrolei a mangueira e a pendurei em um prego no porão. Preparativos para o outono.

Em um sábado à tarde, pegamos o caminhão para levar as vinte abóboras à casa dos meus pais. Minha irmã estava lá com os três filhos. Meu irmão tinha vindo da cidade. E ainda havia um monte de crianças da vizinhança. Meu pai estava preparando a fogueira. Minha mãe, mais afastada, esticava arame para assar as salsichas com que faria cachorros-quentes. Minha família é meio excêntrica, nada normal. Acredito que é por causa do chumbo do arame que usávamos para assar as salsichas.

Apesar do tempo feio, gosto da beleza tranqüila do outono. Traz uma calma colorida à nossa vida tão cheia de afazeres. É a época de assar salsichas, decorar abóboras e visitar o pomar Beasley.

Esse pomar fica a leste da cidade em meio às fazendas. Sobre as estradas se debruçam macieiras de vários tipos. Joyce Lakin faz torta de maçã no pomar todo outono. As pessoas saem da cidade no sábado à tarde, passeiam entre as macieiras, imaginando como seria bom viver em meio àquela paz esplendorosa. Dali seguem para o galpão, onde Joyce serve a torta.

– Esta torta é feita aqui? – sempre perguntam.

Joyce sorri e responde:

– É, sim. Fazemos aqui.

Compram um pedaço de torta; depois, sidra, maçãs caramelizadas e doces. Quando a estação avança e chega a época das abóboras, Joyce acrescenta torta de abóbora à lista. Pensei em levar as minhas para ela, mas decidi servi-las no encontro da minha família. Tiramos as abóboras do caminhão e as espalhamos pelo chão. As crianças circulavam entre elas, falando das qualidades de cada uma e fazendo suas escolhas. Levaram-nas para a mesa de piquenique, e ali meu pai recortou buracos do tamanho de punhos no alto das abóboras. As crianças enfiaram as mãos, sentindo o interior escorregadio. Fizeram caretas, porém seguiram em frente.

As mais velhas decoravam suas abóboras. As mais novas desenhavam rostos, e os adultos os recortavam. Esculpir na própria abóbora será um rito de passagem no Halloween. Digo isso com toda a segurança. Conheço meus filhos. Todo mês de outubro, eles perguntam: "É este ano?" Decidi, então, que no ano em que forem decorar suas próprias abóboras receberão de presente de Natal adiantado seu primeiro canivete. Será um ano especial. Quando a lâmina entrar e o cheiro da abóbora se espalhar e me fizer lembrar o que ficou para trás, será o sinal de que o verão chegou ao fim.

Ponho o canivete de lado, faço uma pausa e agradeço a Deus por outro ano abençoado, por ter filhos saudáveis e uma esposa amorosa, amigos que caçoam das minhas abóboras no verão e ficam loucos por elas no outono.

Capítulo 5

Tempo de matar

Uma subtração cuidadosa

Há certas coisas que existem em todas as cidades, grandes ou pequenas. Um político dissimulado que logo manda asfaltar a rua na frente da casa dele em primeiro lugar. Uma torre de água. E uma família que foi dona de algo importante na região e que mora na casa mais linda do lugar.

Como minha cidade é pequena e tenho que viver nela, serei o primeiro a declarar que todos os políticos daqui são pessoas sinceras, honestas e extremamente sábias. Temos duas torres de água. A antiga foi construída em 1892 atrás da casa de Harry Christie. A nova, criada em 1960, fica perto da escola. Os Blanton, que cuidam do moinho, são os donos da casa mais bonita da cidade – no alto de uma montanha, ao norte. Faz muitos anos que vivo aqui. Morei neste lugar quando criança e retornei há pouco tempo, mas não me canso de passar pela casa dos Blanton e admirá-la em meio às árvores.

Essa casa foi construída durante a Grande Depressão. A família comprou a terra de um homem chamado Carter, que maltratava a mulher e era um problema para a cidade. Ficamos felizes em vê-lo ir embora. Como os Blanton apressaram sua partida, nós os tínhamos em alto conceito. O senhor Blanton morreu e a viúva continuou na casa da montanha. Quando ela fez 93 anos, a filha contratou uma enfermeira para ajudá-la. Para passar o tempo, a senhora Blanton e a enfermeira trabalham no lado de fora, cuidando da terra e arrancando ervas daninhas.

A propriedade original dos Blanton tinha apenas 32 hectares, a maior parte com bosques e prado. Crianças, Bill Eddy e eu passamos muitas noites acampando entre as árvores. Em julho matávamos mosquitos e, em janeiro, nos enfiávamos nos sacos de dormir. Nunca pedimos permissão para acampar ali e adorávamos essa pequena travessura, com a perspectiva de escapar sem sermos punidos. É a sensação que tenho hoje quando avanço um sinal amarelo no trânsito.

O bosque foi um lugar de "primeiras vezes" para mim. Ali fumei meu primeiro e único cigarro. Beijei a primeira namorada na beira do riacho em uma tarde de sábado de outono e, seis meses depois, quando a menina não queria mais saber dos meus beijos, curei a dor-de-cotovelo percorrendo aquelas trilhas. Também foi no bosque que aprendi a atirar com um rifle calibre 22. E entre as árvores descobri a paz de uma agradável noite de outono ao lado de uma fogueira.

Agora percorro as mesmas trilhas com meus filhos – Spencer à direita, Sam à esquerda. Eles seguram a perna da minha calça com uma das mãos e, com a outra, seus rifles de brinquedo, alertas e prontos para enfrentar os ursos ferozes. Faço o som de um rugido, e eles arregalam os olhos, levantam os rifles, agitados. Posso sentir o tremor das suas mãos nas pernas das minhas calças.

Quando os meninos tinham dois e cinco anos, estava à venda uma casa perto do bosque. Passei de carro e vi o anúncio. Fui à imobiliária e paguei cinqüenta dólares de sinal. Em casa, contei à minha mulher, que entendeu perfeitamente o que aquilo envolvia: a sedução dos primeiros beijos, corações apaixonados e segredos da velhice. Cinco meses depois, uma caminhonete atravessou duas cidades com nossos pertences e aqui estamos, logo abaixo da estrada que leva à casa da senhora Blanton e sua enfermeira.

Eu não fui a única pessoa a se sentir atraída pelo bosque da senhora Blanton. Construtores a procuraram. Queriam derrubar as árvores, deixar a terra nua, aterrar os rios, encher o terreno de casas e dar ao lugar o nome de Vale do Bosque ou qualquer outro que lembrasse o que ele havia sido antes de realizarem a pretendida devastação. Falaram em valores elevados, mas essa não era a linguagem da senhora Blanton. Foi quando, para a definitiva desilusão dos especuladores, ela doou a área para a cidade fazer ali uma reserva natural, assegurando-se de que ficaria a salvo de predadores imobiliários.

A cidade contratou uma pessoa para cuidar da reserva: Kim, formada em Geologia. Ela não é uma naturalista e deixou isso bem claro. "Conheço rochas e formações geológicas. Estou estudando plantas, mas ainda há muita coisa que não sei. Não sou naturalista", disse ao diretor do parque, que a contratou mesmo assim.

A Reserva Natural do Bosque Blanton abre todas as manhãs precisamente às 8h e fecha por volta das 17h (uma hora a mais ou a menos). Kim abre o portão, e meus filhos e eu, que moramos perto da reserva, o fechamos à tarde. Ela é pontual. Nós não somos. Às vezes a reserva fica aberta depois do jantar, quando finalmente nos lembramos de trancar o portão. Um dia acordei e me lembrei de que o tínhamos deixado aberto na noite anterior. Tive que ir lá correndo antes que Kim chegasse.

Nossa cidade tem exatamente 14,76 quilômetros quadrados. Acredito que a reserva seja a única parte que praticamente não se alterou nos últimos setenta anos. Os profundos barrancos e os quatro riachos que existem ali desencorajam qualquer construção. Não é um bosque fácil de domar. Há um movimento para restaurar a pradaria, de modo que ela volte à situação que nossos antepassados encontraram quando se instalaram ao longo do riacho. Quando eles chegaram, em maio de 1824, havia relva e flores silvestres – palmeiras-anãs, asclépias, grama-de-ponta, qüinqüefólios e muito mais. Agora essas belezas naturais estão sufocadas por vernônias, alfafas-de-flor-amarela, carurus-de-cacho, ervas-moura e eupatórios. A idéia é eliminar as plantas intrusas e restaurar o prado com gramíneas nativas e plantas silvestres. Kim está encarregada de fazer o lugar voltar a ser o que era, embora matar plantas, mesmo ervas daninhas, lhe seja revoltante. Mas ela está fazendo isso em benefício das crianças que passeiam por ali.

Kim me disse: "Quero que as crianças vejam como era Indiana antes dos shoppings e das auto-estradas."

Embora compreenda sua relutância, sou a favor da destruição, de matar essas ervas daninhas e dar vez a asclépias e qüinqüefólios. Creio que é o mínimo que devemos à natureza para empatar o placar. Temos nossos 14,76 quilômetros quadrados. Não vejo nada de errado com o fato de a natureza ter seus 32 hectares. Além disso, com as asclépias, os qüinqüefólios e a grama-de-ponta virão os azulões, um belo dividendo. Porém, há outro princípio a ser trabalhado aqui: o Princípio de Dar Lugar – nossos ancestrais de 1824 o conheciam. Viram que é preciso haver morte para que a vida possa prosseguir. A planta surge, mas primeiro a semente deve morrer. As ervas daninhas tiveram seu dia. Agora é a vez das plantas silvestres.

Não somos muito diferentes desses prados. Se certas coisas criarem raízes em nós, será nossa morte. Imagino que algumas das minhas falhas enfraquecem minhas qualidades e por isso devem ser mortas – minha luxúria, que sufoca o amor; meu egoísmo, que atrapalha a solidariedade. A relutância que tenho em condenar esses defeitos à morte serve apenas para me escravizar.

O escritor Patrick Morley fala da "vida entregue pela metade". É quando deixamos Deus entrar na nossa vida, porém sem abandonarmos as coisas que sufocam a sagrada presença divina – prioridades distorcidas, cobiça, devoção servil ao conforto. Não basta subtrairmos alguns desses vínculos. Temos que nos livrar de todos eles.

Quando a senhora Blanton e a enfermeira cuidam dos canteiros, elas não arrancam apenas algumas das ervas daninhas. Retiram todas, sem dar chance para que outras floresçam. Há coisas com as quais não podemos ser condescendentes. Sempre que vou trancar o portão da reserva, vejo essas duas mulheres inclinadas limpando o jardim em uma matança metódica. No reino de Deus também é exigida a cuidadosa subtração de tudo o que represa a alegria.

Capítulo 6

Tempo de sarar

Um certo mês de setembro

Adams Brooks morreu em um dos lindos dias de outono em Indiana. O ritmo na escola estava acelerado – a recepção dos alunos visitantes do ensino médio seria naquele fim de semana e a primeira feira de livros do ano estava sendo realizada na Escola Fundamental Sul.

Joan, minha mulher, arrumava o material na feira de livros quando ouviu uma sirene ao longe. Assim que percebeu que a ambulância não estava indo para nossa casa socorrer nossos filhos, voltou às suas tarefas. Outras mães chegaram fazendo comentários sobre um acidente na estrada. Em poucas horas, soubemos que se tratava de uma batida no lado oeste e que havia adolescentes envolvidos. Um dos meninos, Adam Brooks, morrera.

Nesta cidade de cinco mil habitantes, cinco adolescentes morreram em acidentes de carro em três anos. Angela Cook, Elisha Holt, Jacqueline Quandt, Derek Elis e, agora, Adam Brooks. Todos ótimos garotos e garotas. Quando penso nesse triste massacre, meu desejo é que o automóvel nunca tivesse sido inventado.

Não os conhecia muito bem, mas Jacqueline morava na mesma rua que meus pais. Todos os anos, no Dia do Trabalho, eu a via na festa do bairro. Era uma menina bonita, cheia de vivacidade e com grandes planos. Fui informado da morte por sua mãe, que, ao saber do acidente, logo telefonou para seus outros filhos para se certificar de que estavam bem. Um primeiro instinto de mãe. Os vizinhos reuniram-se na casa da família para consolar os pais. O padre Vince veio da Igreja Santa Maria. Os homens ficaram com o pai de Jacqueline; as mulheres, ao lado da mãe. Dilacera o coração pensar nas muitas vezes em que essa cena aconteceu na nossa cidade.

Estamos nos tornando especialistas em chorar a morte. Os pastores vão para a escola aconselhar e confortar os adolescentes. Os bombeiros visitam a escola das crianças menores, onde as ensinam a usar sempre o cinto de segurança. Os agentes funerários rearrumam os móveis da capela para acomodar tanta gente. Os policiais encarregam-se do esquema de trânsito para os funerais. Os políticos falam em aumentar a idade mínima para dirigir. Os pais sofrem e, nas semanas seguintes, entram nos quartos dos filhos para observá-los enquanto dormem e agradecem por vê-los com boa saúde.

No dia em que Adams Brooks morreu, os adolescentes disseram aos professores que não estavam com disposição para terminar os carros alegóricos e desfilar na recepção dos alunos visitantes. A festa foi adiada. No dia do enterro de Adam, eu levava meu filho ao jardim-de-infância quando a procissão do funeral, que saíra da escola, passou pelo meu carro. Contei 120 automóveis. A funerária não tinha fitas com o nome dele para todos os veículos. Os alunos, com os rostos tristes e marcados pelas lágrimas, vestiam suas roupas de ir à igreja. O cortejo passou pelas ruas Mackey e Lincoln em direção ao cemitério. Uma fila grande e muito triste. Olhei para meu filho e prometi a mim mesmo que ele só dirigirá aos 18 anos. Se os políticos não modificarem a lei, eu me encarregarei disso.

Na semana em que Adam morreu, estávamos construindo um novo playground no parque da cidade. Em um ano conseguimos economizar oitenta mil dólares e, em cinco dias, montamos uma área de lazer para as crianças. Setecentas pessoas ofereceram-se como voluntárias. Dois turnos diários por cinco dias. Milhares de refeições preparadas e servidas. Foi como uma festa *amish* para levantar um celeiro. Aproximei-me duas vezes para observar, mas não consegui ajudar. Não sou habilidoso e não queria atrapalhar nada. Fiquei circulando no meio das pessoas, ouvindo pedaços de conversas sobre Adam. Vozes tristonhas, suspiros resignados.

O trabalho tem um poder curativo. Não sei se a tristeza pode ser eliminada com o suor, mas a dor parece diminuir. A construção teve início com um silêncio sombrio e, no fim de semana, começamos a ouvir risos. Os alunos de artesanato da escola vieram ajudar. Lixaram a madeira e aparafusaram os carrinhos. As crianças menores trouxeram tintas e pintaram murais nas paredes do castelo. No domingo à tarde, a última quina áspera estava lixada, a fita foi cortada e um bando de crianças corria pelo playground. Um bálsamo para a alma desta maravilhosa cidade.

A festa de recepção dos alunos visitantes foi realizada na sexta-feira seguinte. Os carros alegóricos alinharam-se na antiga escola com a banda, os bombeiros, as princesas, os alunos estrangeiros e os times de futebol. Nossa família sentou-se no meio-fio na frente de uma firma de seguros. A cada carro que passava, jogávamos doces para as crianças. Depois da banda veio um grupo de alunos com uma faixa em que se lia "Adam – Para sempre no nosso coração". Seguiram-se o carro dos calouros e o dos alunos visitantes da Moldávia, que pareciam um pouco assustados. O desfile cortou a cidade e voltou à escola, onde, naquela noite, nosso time de futebol venceu o adversário de goleada. A maioria dos moradores estava ali, na beirada do campo, torcendo. No intervalo, Amanda Smale foi coroada rainha da festa, sorrindo entre lágrimas.

Na manhã seguinte, um sábado, a praça abrigou mais uma

vez a Feira de Troca e Artesanato. Antes esse era um evento anual, mas quando a praça da cidade se tornou feia, com construções vazias, deixamos de organizá-la. Agora, cinco anos depois, há árvores ao longo das calçadas. As lojas estão sendo revitalizadas. Postes antigos foram colocados nas ruas pavimentadas. Uma nova fonte jorra uma canção de serenidade. Os idosos sentam-se nos bancos que voltaram à parte gramada.

Dennis Dawes cantou o hino nacional e a banda tocou *Back Home Again in Indiana* (Novamente em casa, em Indiana). Jeff Martin falou sobre as origens da cidade e outra fita foi cortada. Cortaram-se fitas de inauguração por duas semanas seguidas – um recorde para a cidade. As pessoas iam de uma barraquinha a outra e passavam pelas lojas bebendo sidra e comprando conchas de madeira com corações recortados.

Joan e eu levamos os meninos ao museu histórico, que fica na antiga cadeia, e lhes mostramos as celas, aproveitando para falar seriamente sobre a importância de obedecerem aos pais e não brigarem. Seguimos para a casa de encontros quacre chamada Amigos, onde as senhoras serviam galinha com macarrão e passavam a rifa de uma colcha. Coletavam dinheiro para missões, para pessoas em países distantes que não tinham sido abençoadas como nós.

É fácil, em dias agradáveis como aquele, esquecer que logo adiante uma mãe e um pai estão sofrendo. Na casa dessas pessoas, a dor não é curada com desfiles, com jogos de futebol nem com feiras de artesanato. As cortinas ficam fechadas. Ao vê-las assim, nos lembramos, com um suspiro, da dor que se abateu sobre essas famílias. Nós nos sentimos culpados porque cinco minutos antes estávamos rindo, felizes, quando havia tanta dor tão perto. Pensamos em Angela, Elisha, Jacqueline, Derek e agora em Adam. Então abraçamos nossos filhos e lhes dizemos: "Fiquem longe da rua. Andem perto do papai, na calçada."

Aos poucos se inicia a cura, que, para nós que estamos do outro lado da calçada, é um processo rápido. Logo haverá dias inteiros sem que nos lembremos dos que morreram. Até vermos uma das mães em uma loja, ainda com os olhos fundos de chorar, e pensarmos neles, culpando-nos pelo esquecimento. Mas nas calmas manhãs de domingo nos recordamos do sofrimento dessas pessoas e rezamos para que se recuperem. Então abraçamos nossos filhos, dizendo-lhes palavras doces e ternas.

Capítulo 7

Tempo de destruir

Esses anos que passam voando

Quando meus avós fizeram oitenta anos, nossa família começou a conjeturar sobre qual deles morreria primeiro. Pensávamos que seria vovô – como fumara cachimbo por cinqüenta anos, morreria de câncer. Ficamos surpresos quando, aos 88 anos, vovó caiu na varanda, quebrou o quadril e morreu em decorrência de complicações. Sofreu a queda em uma semana; na semana seguinte, estávamos recebendo as condolências.

Anos depois, ainda não acreditamos que ela se foi e nos vemos ansiosos por seus jantares de domingo e a deliciosa sobremesa de morango. Pensamos que vovô logo a seguiria. Mas ele tinha um cão para tomar conta, e essa responsabilidade o renovou. Isso segue um padrão. Meu avô sempre foi subestimado e passou a vida fazendo coisas que as pessoas consideravam improváveis.

Aos 92 anos, ele foi viver em uma casa de repouso com seu cão. Antes da mudança, chamou-me para me dar seus apetrechos de carpintaria. Em três dias voltou à sua casa na rua Hickory. Telefonou para me avisar e eu lhe disse que estava contente por ele, mas, se pensava que eu ia lhe devolver as ferramentas, estava louco.

Perguntei-lhe por que ele tinha voltado.

"Não havia lugar para Babe correr", respondeu. Babe é seu cão. Um animal rechonchudo e atarracado. O pêlo da barriga é gasto porque arrasta no chão. Faz cinco anos que não corre, mas meu avô pensa que ele é ágil e ativo, um eterno filhote. Vovô abre a porta dos fundos e Babe se arrasta para o quintal, jogando-se em cima de um monte de areia. Depois de um tempo, tenta se levantar, faz o que foi fazer lá fora e se arrasta novamente para entrar. O tempo desse cão é controlado com um calendário, e não com um cronômetro.

Meu avô segue um ritmo parecido. É triste ver isso. Quando eu era criança e queríamos andar quatro quadras até à cidade, precisava correr para acompanhar seu passo. Agora eu o apanho para o jantar de domingo e levamos cinco minutos para percorrer os nove metros da porta de casa até o carro. É o mesmo homem que, no dia em que fez 68 anos, pedalou 160 quilômetros. Ele não fez as pazes com as pernas, que não lhe obedecem. Garanto que isso o aborrece. Cai ao se sentar no banco do carro e balança a cabeça, frustrado.

"Isso é horrível", diz. "Detesto estar velho."

Ele parou de dirigir depois de diversos arranhões e batidas que culminaram em uma quase colisão com uma bomba de gasolina no posto de Larry Waterman. A idéia do nosso avô deixar o mundo em uma bola de fogo era mais do que podíamos suportar, então o convencemos a entregar a carteira de motorista.

Ele tinha feito uma prova para renovar a carteira. E me contou como o examinador se abaixara no banco do carona, gritando:

– São caixas de correio! São caixas de correio!

– Como se eu não reconhecesse uma caixa de correio ao bater nela! – retrucou ele.

Sem a carteira, vovô ficava em casa e começou imaginar um transporte alternativo. Precisava dar um jeito de chegar ao Café Sunshine, ao Pizza Hut e ao Centro dos Idosos. Viu no jornal um encarte publicitário anunciando um cortador de grama. Pensou em comprar um, retirar a lâmina e andar para lá e para cá com o trator.

"Que velocidade você acha que ele alcança?", perguntou para mim.

Telefonei para a loja e chamei o funcionário do departamento de tratores. Ele não sabia ao certo. Deu-me a largura da lâmina – 96 centímetros. Disse-lhe que estávamos interessados na velocidade, e não na lâmina. Provavelmente nunca lhe tinham perguntado isso antes. Coloquei quatro litros de gasolina no meu trator, engatei a terceira marcha e fui na direção norte. Virei a leste na estrada 500 Norte e entrei uns três quilômetros pela estrada Maplewood. Em direção ao sul, andei mais ou menos um quilômetro e meio até ficar sem gasolina na frente da casa de Ernie Helton, que me deu combustível para voltar. Quando cheguei em casa, liguei para meu avô e lhe disse que um trator faz uns 13 quilômetros com pouco menos de quatro litros de gasolina, em terceira.

"Isso não é muito", respondeu. "Quanto será que custa um carrinho de golfe?"

Três mil, duzentos e setenta e cinco dólares e quarenta e oito centavos, descobri. Sem contar os impostos. E é contra a lei andar com esses carrinhos pela rua, embora o delegado tenha dito que faria vista grossa desde que vovô circulasse pelas vias secundárias. "Ele não pode ficar andando para cima e para baixo na rua principal em um carrinho de golfe."

Finalmente meu avô comprou uma motoneta elétrica de três rodas. Uma pessoa de fora da cidade veio para a demonstração. Ele chutou os pneus e deu uma volta no quarteirão. "Vou ficar com ela", disse ao representante, e fez um cheque.

A motoneta tem duas velocidades – tartaruga e coelho. Tenho permissão para andar nela desde que prometa não colocar na velocidade coelho. Ele a usa para ir almoçar no Centro dos Idosos. Se tiver um bom motivo, vai até o Café Sunshine ou ao Pizza Hut para jantar. Vovô é de uma geração que precisa justificar o fato de comer fora. Ir a um restaurante porque está com vontade não é motivo suficiente. Mas, com sua recém-conquistada mobilidade, ele se vale de qualquer desculpa para jantar em um desses dois lugares. Dia do Professor, Dia da Bandeira, Dia da Árvore, Dia Nacional do Canadá, além do dia em que se inicia o horário de verão – todas essas são datas que devem ser celebradas em um restaurante, defende vovô. Além de outros tantos feriados, nacionais e estrangeiros.

Meu avô é maravilhoso. Trabalhou quase quarenta anos como cortador de vidro, até a empresa fechar e ele ficar sem emprego. Na idade em que a maioria das pessoas se aposenta, ele fez um curso na faculdade e depois foi trabalhar para uma firma de arquitetura. Permaneceu em atividade até os oitenta anos. Se é possível alguém determinar que vai continuar vivo, meu avô vai passar dos cem.

Mas isso não é possível, e estamos testemunhando uma lenta rendição, a debilitação física. A pintura da porta da frente da casa dele está descascando, precisa ser raspada. O quintal agora só é varrido uma vez por semana, e não mais uma vez por dia. Deixamos de lado essas coisas e damos prioridade a lavar as roupas e aspirar o pó do tapete. Ele não reclama do que não é feito e está agradecido pela ajuda. O que também mostra uma mudança – sua gratidão evidente. Isso faz com que auxiliá-lo seja mais uma alegria do que um dever.

Um dia, depois de cuidar da grama, fui conversar com ele. Falamos da sua morte, da minha e de como queríamos morrer. Ele se declarou pronto e afirmou que desejava encontrar-se com minha avó. Quanto a mim, disse-lhe que eu ainda não estava preparado, mas sabia como desejava morrer.

– Como? – perguntou.

– Quero levar um tiro de um marido ciumento enquanto estiver entrando pela janela de um quarto aos 93 anos – respondi.

Vovô não riu. O que eu falei brincando ele entendeu literalmente. E agora está preocupado, temendo que eu me torne um conquistador e desgrace o nome da família, outro fardo que tem que carregar na sua idade.

Às vezes passo várias semanas sem vê-lo. Quando o encontro, surpreendo-me com sua fraqueza. Provavelmente não perceberia a progressão do seu enfraquecimento se estivesse com ele todos os dias. Assim, a cada vez fico assustado e ligeiramente apavorado. "Vovô está desaparecendo aos poucos", penso. Um dia chegaremos aqui e ele estará na cama, sem se mexer.

Meu avô sente o mesmo, que está chegando a hora de prestar contas. Nos últimos tempos, seus interesses se dirigiram ao céu. Agora, fica mais atento quando o pastor batista visita o Centro dos Idosos. Ele me pergunta sobre o céu e se vai para lá. Tem certeza de que minha avó está no céu, e a perspectiva de não encontrá-la é simplesmente insuportável para ele. Eu lhe garanto que ficarão juntos.

No quarto aniversário da morte da minha avó, almoçamos juntos no Centro dos Idosos. Ele me disse: "Hoje faz quatro anos que ela morreu." E empurrou o prato, dizendo ter perdido a vontade de comer.

Fico pensando em por que meu avô continua vivo, por que essa debilitação tão lenta. Talvez para aprender alguma coisa. Não tenho certeza. Sei que eu estou aprendendo. Estou aprendendo quantos quilômetros faz um cortador de grama, o preço de um carrinho de golfe e também a apreciar minha mulher nesses anos que passam voando.

Capítulo 8

Tempo de construir

Falando de portas antiquadas e de cadeiras no estilo *shaker*

A melhor coisa na casa de fazenda da minha sogra Ruby é a antiquada porta da frente. É de madeira, tem mola e uma lingüeta de metal e range de modo estridente quando bate.

Gosto de me sentar na varanda do quintal e ouvir aquele barulho. Ruby sabe quando tem alguma coisa boa. Um vizinho já sugeriu que ela colocasse uma borracha para impedir o rangido, e ela olhou furiosamente para ele.

Por muitos anos moramos em casas alugadas, mas compramos a nossa quando nos mudamos para cá. O vendedor fez uma lista de problemas a resolver – reparos elétricos e cupins, entre outras coisas menos importantes. "Tudo isso pode esperar", disse à minha mulher. "O que está faltando nessa casa é uma porta da frente antiquada."

Um mês depois encontrei Terry Bolton quando fui comprar tinta para o balanço da varanda. Terry é a pessoa que chamamos quando queremos construir alguma coisa. Fiquei fora por quase vinte anos. A última vez que o vira ele estava na oitava série e era entregador de jornais. Agora é um artesão à moda antiga, que está para a madeira assim como Rembrandt está para a pintura. Meus pais moram em uma casa de cem anos. As janelas são curvas, feitas com uma espécie de madeira que não se encontra mais. Quando foi necessário trocá-las, todos os carpinteiros consultados os aconselharam substituí-las por janelas de plástico, o que para meus pais era um sacrilégio, como cuspir em um túmulo. Chamaram Terry, que, em um mês, fez o que outros quatro carpinteiros disseram que levariam seis meses para concluir.

Quando o encontrei na loja, perguntei se ele poderia instalar na minha casa uma porta da frente do tipo que range quando bate.

– Como a do seu avô? – perguntou.

– Isso mesmo. Feita de peças de madeira grandes e grossas. Nada dessa madeira fina que se parte na primeira vez que se bate a porta.

– Quer que tenha mola?

– Claro, e mola boa de verdade, firme.

– Já sei o que você quer – disse Terry.

Algumas semanas depois fui tomar café da manhã no Café Sunshine. Terry estava lá se deliciando com umas panquecas com molho.

– Encontrei sua porta – ele me disse. – É grande e grossa e não vai se partir na primeira vez que você a bater. Está à venda na loja de Tom Helton. Vou passar na sua casa para medir o vão. Você vai estar em casa hoje?

Ele estava ofegante. Em todos esses anos que conheço Terry, nunca o vi falar tanto de uma só vez.

Ele foi à minha casa e, charuto na mão, examinou o local, o mediu de cima para baixo, de baixo para cima e para o lado. Normalmente não gosto que fumem na varanda, mas não disse uma palavra. O charuto na boca o ajuda a pensar, e eu queria que Terry tivesse ótimas idéias. Uma semana depois telefonou querendo saber se podia ir instalar a porta.

Ele trabalhou por quatro horas. Teve que construir alizares. Cortou a porta para que ela se encaixasse perfeitamente e fez sulcos para as dobradiças. Cobriu os buracos dos pregos e lixou toda a madeira. Colocou a mola e pregou a lingüeta. Como a porta estava travando, ele a retirou e aplainou a quina. Recolocou, estava impecável. Pegou seu chapéu e entramos. Ele me apresentou a nota, fazendo a soma com um toco de lápis. Duzentos dólares por uma porta grossa de madeira que bate com barulho e quatro horas de trabalho. Uma verdadeira pechincha.

Comprei muitas coisas na minha vida, mas não posso pensar em nada material que tenha me dado tanta alegria quanto a nossa antiquada porta da frente. Sento-me no balanço da varanda, em uma noite de verão, Joan me traz uma xícara de chá, e a porta range. Vibro por dentro. Nossos filhos e crianças da vizinhança entram e saem, e a porta range. Meu coração se enche de alegria. É um barulho delicioso, uma sinfonia de madeira.

Essa porta nos dá um rangido honesto. O som da madeira na madeira, muito natural. Há muitos barulhos falsos hoje em dia. Conheço uma senhora que tem ao lado da cama uma máquina que imita o som de grilos. Custou 99 dólares. Sinto pena das pessoas que pagam esse preço para ter um som reconfortante. Por mais cem dólares, poderiam colocar uma porta antiquada como a nossa.

Ao longo dos anos eu mesmo já instalei muitas portas desse tipo na minha casa. Ia fazer exatamente isso dessa vez, mas concluí que manter bons artesãos trabalhando é algo que devo à minha cidade. A auto-suficiência é uma coisa positiva, porém Terry tem uma família para alimentar. Ele precisa do dinheiro e nós precisamos dele. Por séculos subsidiamos artistas e músicos em reconhecimento ao seu valor para a comunidade. Temos, pelo menos, que garantir uma provisão para nossos artesãos. Por isso contratei Terry para realizar um trabalho que eu mesmo poderia ter executado. E também porque minha mulher sabia como eu colocava portas e me obrigou a chamar alguém.

No meu quarto há uma cadeira de balanço no estilo *shaker*,

que caracteriza móveis sem enfeites, funcionais e de fino artesanato, espelhando os rígidos padrões dos protestantes calvinistas do meu país. Eu a encontrei há alguns anos em uma loja de antiguidades em Indiana. Foi feita em Mount Lebanon, no estado de Nova York, em 1875. O que a levou ao sul de Indiana é um mistério, mas lá estava ela na sua gloriosa simplicidade. O homem que a fabricou chama-se Robert Wagan, um carpinteiro que, já adulto, querendo dar sentido ao seu trabalho, se juntou aos *shakers*, que têm suas raízes nos quacres (*quakers*) e eram originalmente conhecidos como *shaking quakers*.

Para Robert Wagan não bastava fazer cadeiras, ele queria fabricá-las para a glória de Deus. Certa vez o monge trapista Thomas Merton disse: "A graça de uma cadeira *shaker* é que ela foi construída por alguém capaz de crer que um anjo pode vir a se sentar nela." Robert Wagan acreditava nisso.

Terry instalou nossa porta na segunda-feira, meu dia de folga. Sentei-me no balanço da varanda e fiquei observando. Chovia, mas a varanda é coberta, e estávamos contentes e protegidos. Ele cobrava pelo serviço, e não por hora, então trabalhou devagar, com prazer. Depois de fixar a porta, afastou-se sorrindo para admirá-la. Também sorriu quando lhe paguei, embora um pouco menos. Pensei em como Terry era abençoado por ter um ofício que lhe dava tanta alegria.

Muitas pessoas trabalham por dinheiro, um erro comum e bobo. O que dá sentido à vida são outras coisas. Depois que Robert Wagan morreu, os *shakers* começaram a fabricar cadeiras em série para ganhar dinheiro. Antes elas eram magnificamente artesanais. Depois começou a decadência. Eles precisavam de outro motivo para produzir cadeiras além do dinheiro. E há muitas boas razões para isso, mas tornar-se rico não é uma delas.

Os *shakers* estavam certos quando faziam cadeiras para que os anjos se sentassem nelas.

Capítulo 9

Tempo de chorar

A manutenção do lar

Nosso filho mais velho, Spencer, tinha cinco anos quando compramos nossa primeira casa. Sam tinha três. Eles a chamavam de casa vermelha, dizendo: "Vamos trabalhar na casa vermelha hoje?" ou "Os trabalhadores estão na casa vermelha hoje?". A palavra "casa" muitas vezes era dita ligada à palavra "trabalho".

Nossa primeira refeição na casa vermelha foi uma pizza fria, e usamos as caixas de papelão da embalagem para nos sentar. Pedimos a Spencer que dissesse a prece. Ele inclinou a cabeça, cruzou as mãos, fechou os olhos e disse: "Dê-nos a aflição de cada dia." Assim começou nossa aventura da casa própria.

Em uma carta a amigos, o apóstolo Paulo disse: "Cinco vezes recebi dos judeus os quarenta açoites menos um. Três vezes fui flagelado com varas. Uma vez apedrejado. Três vezes naufraguei, uma noite e um dia passei em alto-mar" (2 Coríntios 11:24-25).

Não quero menosprezar o sofrimento do apóstolo, mas é uma bobagem se comparado com meus tormentos. Eu sou o proprietário de uma casa.

Depois de seis meses morando ali, escrevi à companhia de seguros. "O porão sofreu uma inundação, por três vezes caíram galhos sobre a casa, a lava-louças quebrou duas vezes e os canos se arrebentaram." Nem cheguei a mencionar que o vento tinha carregado as telhas, que o aquecedor de água pifara e que a casa precisava de pintura. O pessoal da companhia foi simpático. A carta que cancelava minha apólice veio com um calendário. A ilustração da folha do mês de maio era o Grand Canyon; a de dezembro, uma cidade da Nova Inglaterra coberta de neve; e a de agosto, um celeiro vermelho em uma planície do Kansas. Esse celeiro também precisava ser pintado. Percebo essas coisas agora que sou proprietário de uma casa.

A pior tragédia que enfrentamos foi quando houve uma inundação no porão. Em dez horas acumularam-se dez centímetros de água de chuva trazida por ventos fortes. Uma enorme árvore do quintal de Thad Cramer caiu sobre a fiação elétrica, derrubou transformadores, deixando a cidade sem energia durante todo o dia. Houve um problema com nossa bomba, e foi isso que causou a inundação. Se estivéssemos em casa naquela hora, eu teria acionado o gerador e ligado a bomba, e tudo terminaria bem. Mas estávamos trabalhando na obra da casa da minha sogra.

Bill Eddy é bombeiro e é nosso amigo, apesar de ter me dado um soco no nariz durante a aula quando estávamos na quinta série. Por isso, vinte anos depois, tive que operar o nariz nas férias. A experiência foi extremamente dolorosa antes, durante e depois da cirurgia. Mas consegui deixar tudo isso de lado. Nem penso mais no fato, a não ser quando chove e tenho dores de cabeça porque meu nariz lateja.

Quando a luz acabou, Bill nos telefonou para saber se estava tudo bem, mas não nos encontrou. Foi até à nossa casa e olhou pela janela do porão. Mais tarde me disse: “Eu sabia que havia um problema quando vi seu arquivo boiando.”

Bill foi à sua loja buscar uma bomba a gás e levou cinco horas para tirar 34 mil litros de água do porão. Em uma banheira média cabem 190 litros. Isso significa que havia água suficiente para encher quase 180 banheiras. E ainda havia dois sapos. Que meus filhos pegaram.

Em ocasiões como essa, é ótimo ter bons vizinhos. Algumas pessoas preferem não se comprometer e não se envolvem se os vizinhos estão passando por dificuldades. Os meus puseram as botas de pescar e entraram na água. Joe Saddler trouxe seu aspirador, que também funciona para água, e trabalhou por seis horas. Matthew, seu filho de oito anos, estava conosco, levando partes molhadas de carpete para o andar de cima ou para um canto da casa. Mais tarde, Bill Eddy veio com as filhas, Sarah e Melissa, e elas também brincaram com os sapos.

Como é usual com inundações de porões, a que ocorreu na nossa casa foi sensacional. Paramos o trabalho ao cair da tarde e fomos até à varanda. A chuva tinha dado uma trégua, o campo brilhava como se estivesse iluminado por jóias. Deixamos Bill sentar-se no balanço. Ele tinha bombeado oito porões naquele dia e conquistara esse privilégio. Joe e eu nos acomodamos em cadeiras de lona. Nossas mulheres nos serviram chá e torta de cereja enquanto as crianças brincavam de esconde-esconde. O que me ocorreu naquele momento agradável foi que ali estava a segunda geração de meninos que brincam juntos.

Trinta anos atrás, Bill, Joe e eu nos divertíamos com os mesmos jogos, na mesma cidadezinha. Fico feliz em estar de volta, independentemente do porão inundado e dos outros problemas. Algumas coisas mudaram nos vinte anos em que fiquei longe. O pai de Joe se foi e também o pai de Bill. Em 1981 e em 1993, respectivamente. Encomendei o corpo do pai de Bill no cemitério. George Eddy era um guia, um conselheiro, além de artesão. Trabalhava com madeira. Sempre que eu o via, ele estava com pó de serra no cabelo. Até hoje tenho respeito por homens com pó de serra no cabelo.

Meu pai é o único sobrevivente. Na noite em que limpamos o porão, ele estava lá. “Para supervisionar”, esclareceu, embora desse poucas ordens. No ano anterior, depois de sofrer um infarto, colocou quatro pontes no coração. Acabou-se sua impaciência. Nada mais o aborrece – nem mesmo um porão inundado. Eu não me importaria em ter o porão cheio d'água uma vez por semana se isso me permitisse passar mais tempo com meu pai. Ele driblou a morte com uma artéria. Como quase o perdi, valorizo sua presença mais do que nunca.

Bill e Joe sentem muito a falta dos pais. Não se passa um só dia sem que pensem neles. Amenizam a perda dedicando-se às mães. São bons filhos e bons amigos.

Na manhã em que meu pai foi operado, meus irmãos, minha irmã, minha mãe e eu nos reunimos no quarto do hospital. O médico veio nos dizer que estava na hora da cirurgia. Fizemos uma prece e saímos do quarto. Fui o último, e papai me chamou para entregar-me um papel que tirou de dentro da Bíblia. "No caso de acontecer alguma coisa", disse. Eram instruções específicas quanto ao sepultamento, escritas durante uma noite insone. "Quero ser enterrado no Cemitério do Sul. Que Bob Bales escolha o lugar do túmulo. Ele conhece os melhores lugares. Você deverá encomendar o corpo. Se não puder, peça ao pastor Thornburg na igreja."

Dobrei a folha e a coloquei no bolso. Eu jamais ensaiara essa conversa nem esperava que ocorresse. Como pastor, tive muitas conversas assim, mas nunca com meu pai. Quando jantamos fora, papai sempre paga a conta. Se tento pegar a nota, ele afasta minha mão e diz que cuidar do filho é uma alegria para o pai. Agora é minha vez de fazer isso por ele. Completou-se o ciclo. De qualquer forma, isso não me deixou alegre.

Levaram meu pai do quarto. Seis horas depois, o médico saiu do centro cirúrgico com um sorriso no rosto. Uma hora mais tarde fomos ver papai, que voltou para casa em cinco dias. Os médicos estavam otimistas. Disseram-lhe para esquecer carne vermelha e cigarros. Ele concordou e selou a promessa sobre a

Bíblia. Guardei as instruções sobre seu funeral sob o vidro da minha escrivaninha. Todas as vezes que abro a gaveta do lado direito, enfrento a mortalidade do meu pai. Não sou mais um garoto que pensa que o pai vai viver para sempre. Sou um homem que tem seus próprios filhos e que está começando a entender como são frágeis os laços que nos ligam a este mundo.

Uns dias depois da inundação do porão, recebi a visita do representante da companhia de seguros. Era o sexto porão que ele visitava naquele dia e estava exausto. Joan serviu-lhe chá e torta de cereja e o levou para o balanço da varanda. Contei-lhe que Bill bombeara a água, que Joe trouxera o aspirador, que meu pai convalescente havia supervisionado o trabalho, que as crianças tinham brincado de esconde-esconde depois da tempestade e que o campo parecia iluminado por jóias. Como é usual com inundações de porões – disse-lhe –, a que acontecera na nossa casa fora espetacular.

Com o dinheiro do seguro, comprei lavadora e secadora novas, um aquecedor e um desumidificador. Sobraram oitenta dólares. Estou pensando em levar Joe, Bill e meu pai para jantar. Joe, Bill e eu podemos comer bifes. Papai vai comer frango assado. Quando nos mudamos para a casa, eu teria considerado um absurdo se alguém falasse sobre os benefícios de um porão inundado. Agora aprendi que as bênçãos, assim como a água, podem surgir de qualquer lugar.

Capítulo 10

Tempo de rir

O esporte no campo improvisado

Quando eu era garoto, meu pai era treinador da Liga Infantil. Treinava o time do Printer's Devils ("Os diabos do tipógrafo"), patrocinado pelo jornal local, *The Republican*. O nome do time era dado aos aprendizes de tipografia nos jornais. Essa expressão não é mais usada porque os jornais já não empregam aprendizes. Hoje os jornalistas se formam na faculdade. Mas essas publicações eram melhores quando os profissionais aprendiam a escrever com sábios senhores que fumavam charutos e esbravejavam como marinheiros.

Betty Weesner era a dona do *The Republican* e ainda é. Herdou o negócio do pai, Pug Weesner. Esse jornal foi impresso pela primeira vez em 1847 e, desde então, não deixou de sair por um dia sequer. Betty Weesner reza diariamente para alguém assumir o comando antes de ela morrer. Passo perto do seu escritório, que fica próximo ao tribunal, e a vejo inclinada sobre o velho linotipo. Às vezes penso em entrar e pedir que me ensine esse maravilhoso ofício.

Meu pai foi meu técnico há mais de trinta anos, quando o patrocínio de um time da Liga Infantil de Beisebol custava cem dólares – o suficiente para a compra de 12 uniformes. Os garotos providenciavam seus próprios calçados e luvas, e o treinador pagava um lanche se o time vencesse. Betty Weesner ia a todos os jogos com sua cadeira de lona e a abria perto do abrigo dos jogadores, de onde supervisionava seu investimento.

Além de Betty Weesner, os bancos da cidade, a loja de ferragens Baker, a seguradora Stevenson-Jensen e a madeireira Lumber patrocinavam times. Havia outras equipes cujos nomes agora me escapam. Afinal, isso foi há mais de trinta anos. Mas me lembro de ver Betty Weesner sentada na sua cadeira de lona torcendo por seus garotos. Naquela época meninas não jogavam.

Joguei pelo time da loja de ferragens Baker, o técnico era Buck Leath. Ganhei destaque nesse esporte quando o filho de Buck, Jeff, foi atingido por uma bola baixa e rápida e Buck me fez um sinal para substituí-lo como arremessador. Fiz um jogo perfeito.

Isso aconteceu entre o final dos anos 1960 e o início da década de 1970, antes de os pais começarem a levar os jogos a sério e tudo se tornar uma grande produção. Eles ficavam nas arquibancadas, a não ser que fosse sua vez de trabalhar no quiosque em que se vendiam doces, como o de alcaçuz, por uma moeda, além de rum com laranja por dez centavos de dólar.

Havia jogos em todas as noites de junho, menos aos domingos e às quartas-feiras, dias de irmos à igreja. O jogo começava depois do jantar, às 19h. Quarenta e cinco minutos depois, Joe Hawkins girava a chave e a luz inundava o campo. Se uma pessoa se cansasse de assistir à partida, podia observar os insetos sob a luz. Caso tivesse muita sorte, Joe Hawkins podia escolhê-la para mostrar o placar, levantando os cartazes com os números.

Ninguém levava os jogos muito a sério. Às vezes um técnico ficava zangado e gritava. Lembro-me de uma ocasião em que meu pai, normalmente calmo, tirou o relógio Timex do pulso e o jogou no campo. Depois da partida, me fez procurar por ele, mas não o encontrei. O relógio tinha sido um presente de aniversário dado por minha mãe. No ano seguinte, ela lhe deu um balanço para a varanda, imaginando que esse seria um objeto mais difícil de ele arremessar.

As crianças da Liga Infantil ainda jogam no parque. Joe Hawkins continua acendendo a luz às 19h45 e escolhendo os sortudos que vão segurar os números do placar. Levo meus filhos ao parque para que assistam às partidas. Eles não sabem a diferença dos jogos da Liga Infantil, que são de graça, e os dos Indians, de Indianápolis, que não são; então vamos aos da Liga Infantil. Pouca coisa mudou nesses anos, exceto pelo fato de os pais andarem mais nervosos, como se o orgulho da família estivesse em jogo.

Li sobre pais esbravejando e atacando o árbitro. Pais perdendo a calma. Rostos vermelhos, veias saltando, olhos esbugalhados de raiva. O pai de um garoto da Liga Infantil de Futebol grita com o filho de cinco anos para "ir ao ataque", "parar de ficar enrolando". Em um sábado de manhã, vi um árbitro de 15 anos parar o jogo e levar o homem até o estacionamento. Adorei assistir àquilo. Fiquei feliz pelo resto do dia.

Meu filho mais velho joga na Liga Infantil de Futebol. Quando ele entrou para a equipe, fui contra e ainda sou. Rejeito qualquer projeto em que os adultos ficam perguntando às crianças se elas estão se divertindo. Não largo meus afazeres para assistir a todos os jogos nem obrigo meu filho a praticar comigo diariamente no quintal para ele melhorar. É mais positivo para as crianças quando elas têm seus próprios jogos e os adultos os deles. Quero, sim, que ele pratique esportes, por isso comprei uma casa com um bom quintal. Mas desejo que jogue com crianças, e não com adultos. Se não tomasse cuidado, poderia me tornar fanático nessa questão.

Quando eu era garoto, jogava beisebol em campos improvisados, o que hoje ninguém mais faz. Isso acontece porque os pais não querem que as crianças organizem a própria diversão. Naquela época nenhum pai se metia oferecendo-se para escolher jogadores ou ser o arremessador ou o árbitro. Para nós, isso seria um absurdo e logo teríamos arrumado outra coisa para fazer. Afinal, os adultos eram criaturas estranhas, devíamos evitá-los a todo custo.

Essas coisas aconteciam numa época em que as crianças tinham muito tempo para brincar, quando os pais não sentiam necessidade de encher todas as horas do dia dos filhos com uma atividade importante. Nadávamos no rio, percorríamos a cidade de bicicleta, jogávamos beisebol em campos improvisados, meninos e meninas também. Quando entramos para a Liga Infantil e os adultos nos disseram que as garotas não podiam jogar, isso só confirmou nossas suspeitas de que eles eram muito esquisitos.

Alguns cristãos que conheço desconfiam da diversão. Vivem sempre com medo de que alguém, em algum lugar, esteja se divertindo. Para eles, a fé é uma coisa séria e sombria. Jesus nunca ensinou isso. Ele disse aos seus seguidores: "No mundo tereis aflições. Mas coragem! Pois eu venci o mundo" (João, 16: 33). Quando vivemos como se isso não fosse verdade, quando até a alegria vira algo sério, profanamos o Evangelho. Somos como aqueles pais das ligas infantis que transformaram uma colheita de alegria em uma praga de infelicidade.

Capítulo 11

Tempo de gemer

O coveiro

Nossa casa fica no alto do antigo haras de Joe Stevenson, no norte da cidade. Situa-se entre um riacho, um lago e 24 hectares de árvores que a senhora Forest Blanton doou para a cidade com a condição de nunca serem derrubadas.

A natureza ataca nossa casa sem cessar. Passo um bom tempo defendendo-a da floresta, da água, do vento e do sol. Há cercas a limpar, árvores a podar, tábuas a pintar e um porão que deve ser mantido seco. Até agora a vitória, embora modesta, tem sido minha. A casa foi construída sobre uma nascente subterrânea, o que é comum por aqui. Quando o porão estava sendo cavado, desviaram a nascente para nossa fossa sanitária. A bomba leva a água para o escoadouro da água da chuva. Uma maravilha da engenharia.

Na época da chuva conseguimos ouvir a água caindo na fossa. O pinga-pinga estimulava meus rins, e por isso resolvi acabar com essa história. Chamei Walter, a pessoa que contratamos na cidade sempre que precisamos cavar um buraco. Quando algum morador quer se ligar ao sistema sanitário da cidade, basta chamá-lo. Ele traz a escavadeira, cava a fossa e instala o cano. Depois recoloca a terra, espalha algumas sementes de grama por cima, cobre o lugar com palha e estende uma rede para que a palha não seja levada pelo vento. Walter faz isso há anos. É uma boa pessoa. Quando veio à minha casa, ele disse que podia cavar uma vala e desviar a nascente com um cano em direção ao riacho. Assegura que isso vai acalmar meus rins, razão pela qual estou considerando essa solução.

Além de abrir fossas, Walter cava nossas covas. Na véspera do enterro ele prepara a cova e a cobre com compensado. No dia seguinte, meia hora antes do sepultamento, remove o compensado. Afasta-se uns 45 metros e se recosta em uma árvore enquanto o cortejo abre caminho pelo cemitério. As pessoas enlutadas saltam dos carros e caminham penosamente até à sepultura. Walter espera sob a árvore até que o corpo seja encomendado, as pessoas saiam e a tenda utilizada durante o enterro seja desmontada. Então recoloca a terra, espalha algumas sementes de grama por cima, cobre com palha e estende uma rede para que a palha não seja levada pelo vento.

Todos os funerais em Danville são realizados às 10h. Às 10h45, a família e os amigos estão no cemitério. Às 11h15, pegam os carros e voltam à igreja para um lanche no porão. Todos vão, menos Walter, que cobre a cova de terra, cuida de tudo e depois se dirige ao Café Sunshine, onde almoça e fica imaginando quem vai cavar sua sepultura quando Deus o chamar. Ele se preocupa com isso. Acredita no que a Bíblia diz sobre a ressurreição dos corpos: quando Jesus voltar, os mortos em Cristo vão se levantar dos túmulos. Por isso ele não gosta de enterrar as pessoas em covas muito fundas. Não quer que elas retornem à vida em uma gloriosa manhã tendo que lutar para destruir sete palmos de argila. Assim, as sepulturas que ele faz têm apenas cinco palmos de profundidade. Uma de suas preocupações é se vão cavar a sua muito fundo, deixando-o preso no Dia da Glória.

A esperança de Walter é saber quando vai morrer e assim poder cavar a própria cova. Seu maior medo é morrer inesperadamente durante o sono. Quer apenas tempo para ligar a escavadeira, ir até o cemitério e preparar o lugar. Já fez um ensaio. Precisa de no máximo duas horas. À noite ele reza: "Senhor, agradeço-lhe se, na Sua bondade, me avisar da minha morte. Duas horas, Senhor, é só do que necessito." Então adormece com paz no coração.

Walter enterrou a própria mãe – uma senhora bondosa e devota. Foi a melhor cova que já fez, de laterais retas e com apenas quatro palmos de profundidade. Não quer que sua mãe se esforce quando ressuscitar. Ela trabalhou muito durante toda a vida, e ele não deseja que se canse no Dia da Glória. Walter chorou ao cavar, as lágrimas formavam um caminho brilhante no seu rosto empoeirado. No dia seguinte, depois que as pessoas se foram, subiu na escavadeira com seu terno marrom e cobriu a sepultura com terra. Chorou novamente.

Por dois verões meu irmão David cuidou do cemitério, dirigindo o trator para cima e para baixo pelas alamedas. Calças compridas, camisa para dentro, boné limpo e orelhas lavadas. Essa é nossa terra sagrada, nosso Gólgota, onde estão enterrados nossos ossos, e não a profanamos com roupas desarrumadas nem orelhas sujas. Segundo meu irmão, quando Walter termina de cobrir uma cova, a terra fica totalmente plana. Nove hectares sem um calombo sequer, conta David. Um trabalho de primeira.

Em algumas cidades, católicos e protestantes enterram seus mortos em locais separados. Aqui, dividimos as lojas, as escolas e o cemitério. Vizinhos na vida, vizinhos na morte. Na ala sudeste enterramos as crianças. Os túmulos são enfeitados com anjos. Ursos de pelúcia aparecem às vezes, principalmente na primavera e nos aniversários de morte. Crianças que hoje teriam quarenta anos ainda ganham esses brinquedos. Os empregados do cemitério recebem ordens expressas: não destruir esses bichinhos quando forem aparar a grama. Devem levantá-los antes de executarem o trabalho e depois recolocá-los no lugar. O clima é de respeito nesses nove hectares.

Na nossa cidade não desaprovamos a atitude de chorar pelos mortos. Não incentivamos a idéia de que as pessoas devem deixar a dor de lado e seguir com a vida, uma tendência peculiarmente moderna, promovida por uma sociedade que tem medo de lágrimas. Aqui respeitamos o sofrimento. Há viúvas que, no décimo aniversário da morte dos maridos, recebem cartões e flores e são mencionadas na hora da missa. Inclinamos a cabeça e oramos por corações ainda doloridos, passados dez longos anos. Não somos mórbidos, mas levamos a morte a sério. Este é um bom lugar para sermos enterrados.

Se Jesus demorar e ficarmos sob a terra um pouco mais do que planejamos, seremos bem cuidados. As palavras ditas ao lado dos túmulos serão educadas e em voz baixa. A grama estará sempre podada e viçosa. E, como Walter não nos enterra muito fundo, não precisaremos nos esforçar no Dia da Glória

Walter é minha inspiração. O que lhe falta em sofisticação teológica ele tem em graça divina. Lidar com as pessoas que choram seus mortos o tornou um homem extremamente afetuoso. Não sei se ele já era gentil e isso o levou a ser um ministro da consolação ou se os anos que passou presenciando funerais fizeram com que seu coração se abrandasse. Só sei que ele é bondoso, que suas lágrimas já umedeceram muitas covas. Para mim, é um mistério como o luto pode tornar certas pessoas suaves e outras mais duras. Tenho conhecidos que passaram a ser devotos por causa da dor da perda. Mas também conheço pessoas cujo sofrimento criou um abismo espiritual entre elas e o Divino, homens e mulheres que perderam a fé junto com seus entes queridos. Às vezes, quando mais precisamos ter fé, parece que ela se esvai na noite.

Na opinião de Walter, a única coisa que pode haver entre nós e Deus são alguns palmos de argila. Eu gostaria que fosse assim. O orgulho, a ganância e a hipocrisia também cavam abismos.

Porém, de todas as coisas que afastam nosso coração de Deus, a dor da perda é a que pode levantar a mais irredutível barreira: a teimosia em aferrar-se à crença de que Deus não está conosco, que Seu amor por nós diminuiu e Seu coração endureceu.

No entanto, todas as vezes, lágrima após lágrima, Jesus nos prova o contrário. "Vinde a mim todos vós, fatigados e sobrecarregados, e eu vos aliviarei" (Mateus 11:28). A palavra grega correspondente a "alívio" também significa "refresco". Walter não entende grego. Mas conhece refresco e sabe de onde vem.

Capítulo 12

Tempo de dançar

Breve Seminário do Pastor Quacre

Quando a doutrina quacre foi fundada em 1650, seus criadores suspeitavam de pregadores que recebiam dinheiro. Costumavam chamá-los de mercenários, pois cobravam para fazer o que os cristãos tementes a Deus deviam fazer de graça. Ninguém jamais deu um cheque a Jesus, diziam. Depois de seguir a regra por 250 anos, nos rendemos e começamos a pagar aos pastores. Se eu não fosse pastor, também seria contra o pagamento. Mas, como sou, posso listar uma série de motivos que explicam por que devemos receber por nosso trabalho.

A decisão de pagar gerou controvérsias – alguns quacres a favor, outros contra. Concordaram em remunerar a atividade dos pastores, mas não muito. Nos quatro primeiros anos do meu ministério, eu recebia quarenta dólares por semana e dava cinqüenta de dízimo – saía perdendo. Mesmo assim, permaneci como pastor porque amo o trabalho e, se não fosse pastor, não poderia assistir ao Breve Seminário do Pastor Quacre, que é realizado anualmente em fevereiro na pousada do Parque Estadual Turkey Run.

Não sei por que o seminário tem esse nome. Quando o ouvi a primeira vez, imaginei que havia um "longo" Seminário do Pastor Quacre, mas não há nem nunca houve. Tudo o que temos é o Breve Seminário – isso e quarenta dólares por semana. O evento dura três dias e duas noites. Começa às 13h, um modo sorrateiro de não nos darem almoço. No último dia, nos mandam embora às 11h, mais uma vez nos roubando a refeição do meio-dia.

O objetivo desse seminário, de acordo com o manual, é dar ao pastor mais oportunidades de conhecimento, companheirismo e crescimento espiritual. Foi criado por um comitê cujos membros jamais freqüentaram o evento. Essas mesmas pessoas contratam um palestrante todo ano, um especialista em expansão da Igreja ou no estudo da Bíblia – algo dessa natureza ou qualquer outra coisa que, acreditam eles, nos possa ser útil.

Houve um ano em que o comitê escolheu um professor para o seminário que, para nosso prazer, pregava a doutrina da união e nos fez entoar canções de solidariedade. Por alguns dias, por rebeldia, pensamos em fazer greve, em acampar no parque até que nossas reivindicações por melhores condições de trabalho fossem atendidas: melhor remuneração, menos seminários. Não era isso o que o comitê tinha em mente, e assim o professor nunca mais foi chamado. E ainda recebemos quarenta dólares por semana. Mas, por três gloriosos dias, o mundo foi nosso.

No ano seguinte, um palestrante falou por três dias sobre as alegrias do ministério e como nenhuma quantia em dinheiro podia se comparar à alegria de servir ao Senhor. Ele nos prometeu riquezas no céu por nossos trabalhos de devoção na Terra. Meu amigo Stan Banker levantou a mão e perguntou se haveria possibilidade de recebermos essas riquezas mais cedo. Stan era pastor havia 25 anos. Sua maior tristeza era que Deus não o chamara para a Igreja Episcopal, na qual, segundo ele, os padres ganham um bom dinheiro. Seu objetivo é ser o primeiro pastor quacre a se tornar milionário com quarenta dólares por semana. Depois de 25 anos, Stan está na metade do caminho para atingir seu objetivo. Sua solução é: pegue esses quarenta dólares semanais, aplique-os em um fundo e deixe-os ali.

Certa vez, num desses seminários, um representante da

direção da Igreja falou sobre planejamento financeiro, aposentadoria e plano de saúde. Seu conselho foi sucinto. Quanto ao planejamento financeiro: dê um jeito de ser beneficiado por um testamento. Quanto à aposentadoria: a principal rede de supermercados do país sempre contrata atendentes. No que se refere a planos de saúde: não fique doente. Sábias orientações.

Ardith Stands assistiu a quase todos os Breves Seminários do Pastor desde 1959. Ela é a viúva de Blaine Stands, pastor que morreu de câncer ósseo em 1988. Foi o ano em que Ardith não compareceu ao evento. Uma vez lhe perguntei se algum desses seminários havia ficado como seu favorito, um que tivesse permanecido na sua memória. Ela me falou do ano em que o sistema de calefação quebrou e o gerente da pousada do Parque Estadual de Turkey Run queria mandar todos os pastores para o hotel em Rockville. Eles lhe disseram que não se preocupasse, pois viviam em casas paroquiais quacres e estavam acostumados a problemas com a calefação.

"Aquele foi um ano bom", disse Ardith. "Nós nos sentimos em casa."

Ela gosta especialmente da Noite do Talento, que é organizada na última noite do seminário. A palavra "talento" é livremente interpretada. Eu faço a imitação de um personagem de um seriado de faroeste. Bill Kinsey recita poesia vitoriana. Don Perry canta um hino religioso. Catherine Sherman exibe seus bordados. George Freer mostra sua coleção de trens. Ann Carter lê seu ensaio sobre caixões, que é o ponto alto da noite – nós sempre deixamos essa leitura para o final. Helen Johnson leva fitas de música e uma caixa de som. Não chamamos isso de baile para não ofender a sensibilidade dos quacres que se opõem à dança. No programa escrevemos "Devoção em Movimento".

As cadeiras são encostadas na parede. O piano vai para o canto. Somos desajeitados dançando. Helen nos aconselha a tirar os sapatos para não pisarmos nos pés dos nossos pares. As meias estão limpas. Depois de todos esses anos, aprendemos a voltar ao quarto após o jantar e trocar as meias. De mãos dadas, formamos um círculo e ficamos balançando o corpo. Helen se posiciona no meio e vai dando as coordenadas dos passos. No início nos confundimos com o ritmo. Há um excesso de encontrões, desculpas murmuradas, meios passos, passos errados e pés que se movem cuidadosamente. Lá pela terceira música, já adquirimos alguma graça. Acontecem menos encontrões, os rostos se levantam, cantamos baixinho. Quando estamos na quinta música, nossos movimentos são como poesia. Podíamos até colocar os sapatos, pois já não pisaríamos mais nos pares, mas ficamos descalços para não quebrar a magia.

Alcançamos um ponto em que a dança se torna perfeita. Vejo minha mulher rindo, rodopiando e cantando, o rosto iluminado. Isso me faz lembrar por que me apaixonei por ela. Fico pensando por que não fazemos isso mais vezes. Resolvo encontrar uma babá que fique com as crianças para que possamos sair e dançar, embora essa noite nunca chegue. Sempre acaba acontecendo uma coisa ou outra e não saímos – reuniões, pessoas precisando de aconselhamento, sermões a escrever. Não tenho coragem de dizer a um dos meus paroquianos: “Desculpe, não posso estar com você hoje, vou sair para dançar”, mesmo com o Eclesiastes recomendando um tempo para isso.

Nossos filhos freqüentam os seminários. Eles têm sua própria programação, exceto na noite da dança, quando ficamos todos juntos. Outros hóspedes vêm assistir, atraídos pela música. Olham, encantados, imaginando quem somos. Estou certo de que alguns deles gostariam de estar ali. Adorariam tirar os sapatos e entrar na nossa roda. Seriam bem recebidos, mas nunca se aproximam. Tenho a impressão de que são pessoas que também se alegrariam. Não sei o que as mantém afastadas.

Talvez uma voz na sua cabeça, de cautela ou censura, alertando-as para que não façam papel de bobas. Uma voz do passado, advertindo sobre qualquer tipo de frivolidade. Uma voz severa, dura. Alguns dos pastores conhecem essa voz e ficam sentados à nossa volta, sapatos bem amarrados, rostos sérios, circunspectos. Eu os conheço bem. Pessoas rigorosas e melancólicas tentando pregar um Evangelho de renovação e vitalidade. Pessoas da morte pregando um Evangelho de vida. Para mim, isso não faz sentido.

Ardith Stands não é uma das que ficam de fora. Ela é uma dançarina, esteve lá no meio da roda, todos os anos, desde 1959. Menos em 1988, quando foi sua vez de chorar. Mas ela voltou no ano seguinte e entrou na dança conosco. Há um tempo de gemer e um tempo de dançar. A vida oferece muitas oportunidades de chorarmos perdas. O difícil é termos a chance de dançar, rodopiar e cantarolar com as faces iluminadas.

No primeiro aniversário da minha morte, quero que Helen Johnson leve suas fitas de músicas e caixas de som. Calçados não serão permitidos. Crianças serão bem-vindas. Pessoas de cara fechada, não.

Capítulo 13

Tempo de atirar pedras

Vaidade das vaidades, tudo é vaidade

Quando eu tinha trinta e poucos anos, recebi por telefone um convite para participar do comitê executivo de uma organização quacre nacional. Era um grupo importante, formado por pessoas brilhantes, realizadas. Senti-me honrado, embora não soubesse por que fora chamado. Quando fui à primeira reunião, os demais membros me olharam sem entender muito bem. Vários deles me disseram que eu parecia excepcionalmente bem para minha idade. Sorri e agradeci, demonstrando a maior intensidade possível na voz.

Descobri depois que tinha ocorrido um engano. Um reitor aposentado, cujo último sobrenome é igual ao meu, é que havia sido indicado para o comitê. Mas a pessoa encarregada de telefonar ligara para mim, pois no catálogo quacre meu nome aparece logo abaixo do nome desse senhor. Quando perceberam o erro, eles ficaram constrangidos em retirar o convite que me haviam feito. Então lá estava eu, com assento no comitê executivo da organização quacre nacional.

Foi muito engraçado. Saber que não tinha sido escolhido não diminuiu em nada meu entusiasmo. Quatro vezes por ano me mandavam de avião para algum lugar para três dias de reuniões, turismo e visitas com outros quacres. Fui à Nova Inglaterra no outono, ao Arizona em fevereiro, às montanhas do Novo México, à Filadélfia e aos pueblos de San Juan. Nas minhas viagens conheci um podólogo, os pais de um candidato à presidência do

México e o dono da maior fábrica de rosquinhas no Meio-Oeste. As pessoas certas a conhecer se um dia eu tiver problema nos pés, decidir entrar para a política mexicana ou sentir vontade de comer uma rosquinha.

Mas essa não era a parte de que eu mais gostava. O melhor de tudo era *dizer aos meus amigos* que eu era membro do comitê executivo de uma organização quacre nacional. Por três anos tive a esperança de que alguém fosse me chamar para fazer alguma coisa em um fim de semana em que eu devesse viajar pelo comitê. Então eu poderia dizer: "Ah, eu adoraria jantar na sua casa, mas no próximo fim de semana estarei na Filadélfia com o comitê executivo de uma organização quacre nacional." Sorriria, modesto, ao dar essa explicação, tendo prazer em observar as sobrancelhas levantadas e o respeito que essa informação despertaria.

A última vez em que me senti tão importante foi em 1972, quando conquistei o segundo lugar na Competição de Ciclismo com Segurança de Danville. Randy White foi o vencedor e ganhou uma bicicleta nova de uma loja local. Como segundo colocado, recebi 25 dólares. Kevin Barry, o terceiro, ganhou dez dólares. Isso era dinheiro em 1972.

Havia uma competição separada para as meninas. Sherri Bishop, por quem eu era apaixonado em segredo, ficou em segundo lugar. Depois disso esperei durante anos que nossa vitória em comum nos aproximasse, que nos entendêssemos de maneira diferente dos outros. Na noite da formatura do ensino médio, os dois na mesma festa, cheguei perto dela, torcendo para que me dissesse baixinho: "Phil, gosto de você desde 1972."

Mas ela perguntou apenas: "Por que você está tão perto de mim?" Sherri afastou-se e nunca mais a vi. Mesmo assim, sempre penso nela no mês de maio quando abro o jornal e vejo a relação dos vencedores da Competição de Ciclismo com Segurança de

Danville. Fico com o olhar meio perdido, e minha mulher me pergunta no que estou pensando. “Em nada”, respondo, “nada mesmo”. Todas as pessoas têm um segredo, e esse é o meu.

O que faz honrarias desse tipo significarem tanto para mim é que sempre tive necessidade de ser apreciado. Quero que as pessoas gostem de mim, me admirem. Prezo a opinião alheia. É minha fraqueza, meu defeito, preocupar-me demais com isso. Assim, às vezes exagero na eficiência para que os outros possam me admirar ainda mais.

Quando li o Eclesiastes pela primeira vez, eu não sabia o que significava atirar pedras e por que deveríamos ter um tempo para isso. Depois de horas de pesquisas, que consistiram praticamente em comer panquecas com molho na companhia do meu amigo Jim em um restaurante, descobri que atirar pedras tem a ver com destruir altares erigidos a ídolos. Na Bíblia, ídolos eram os objetos que representavam devoção a falsos deuses. Naquele tempo, a adoração de ídolos era um caminho certo para se receber um castigo de Deus.

Hoje ainda temos ídolos, e eles são mais sofisticados do que meras imagens esculpidas. Os ídolos modernos são as coisas que amamos mais do que a Deus, incluindo as tentações óbvias, como carros, belas casas e posições elevadas no trabalho. Mas também idolatramos coisas boas por termos aprendido que elas devem ser valorizadas, como a família, o país e a nossa reputação. Se damos a alguma coisa mais importância do que a Deus, isso é idolatria pura e simples. Quando me preocupo mais com a opinião dos outros a meu respeito do que com Deus, sou um idólatra, culpado por atribuir mais honras a mim do que a Ele.

A idolatria, me dói dizer, é um pecado. Um grande pecado, de acordo com o Antigo Testamento. Ela impediu que Moisés colocasse os pés na Terra Prometida. Fez com que os profetas de Baal morressem queimados. A advertência contra a idolatria é o primeiro dos Dez Mandamentos. "Não terás outros deuses além de mim" (Êxodo 20:3). No Êxodo, Deus estabeleceu a punição para os adoradores de ídolos: a destruição pública. Isso ocorreu na época em que Ele não era a divindade suave e justa que conhecemos e amamos, um tempo anterior a tudo o que o Novo Testamento fala sobre graça e perdão.

Para ser exato, apesar da nossa indiferença quanto à idolatria, Deus ainda fica aborrecido com ela. Ele é engraçado: quer ser o primeiro na nossa vida, não por causa do Seu ego, mas em consideração à nossa alegria. Assim, manda que Seus seguidores adorem a Deus e somente a Deus, pois todos os outros deuses, esses com "d" minúsculo, acabam decepcionando quem os cultua. São deuses de palha que murcham quando os desafios da vida se intensificam. Por isso é para nossa alegria que Deus ordena nossa devoção. Somente Nele devemos crer para sempre; é Ele que nunca nos decepciona, cujo amor é infinito.

Nosso dinheiro vai acabar. As casas ficarão velhas e serão destruídas. Perderemos o emprego. Nosso país se desviará do curso. As famílias vão se dividir. Nossas reputações podem mudar com um pecado ou uma calúnia. Mas o Rei dos Reis, a Rocha Eterna, o Amor Eterno é o Amigo que nunca vai embora, a Canção que nunca cessa, o Pai cuja porta está sempre aberta, a Mãe que concilia seus filhos, os guia e cuida deles.

Em todos os meus anos como pastor, jamais conheci um adorador de Baal, embora eu veja a idolatria quase todos os dias. Eu a identifico nos outros e em mim mesmo. Vejo quando as pessoas se sentem mais atraídas por dinheiro do que pela santidade. Quando escolhem o prestígio, desprezando a humildade. E sempre que preferem a religião ao relacionamento. Essas são as pedras que temos que atirar, os altares que precisamos derrubar. É mais fácil falar do que fazer, mas pode ser feito; somos capazes de colocar esse Deus amoroso acima de tudo.

Observo isso na decisão de pastores que se afastam de ricos púlpitos e vão pregar para pobres e desvalidos. Na atitude dos pais que ensinam aos filhos a tratar bem os que são desprezados e rejeitados. Em pessoas que não se importam com a aprovação dos vizinhos, mas apenas com a de Deus: "Muito bem, escravo bom e fiel" (Mateus 25:21). Podemos amar a Deus sobre todas as coisas. É possível. Já vi acontecer. Basta conhecermos as pedras a serem atiradas e saber que altares derrubar.

Meu trabalho no comitê executivo terminou e, com isso, a honra de que desfrutava. A loja de bicicletas da cidade fechou. Sherri Bishop se casou com outra pessoa. Vaidade das vaidades, tudo é vaidade.

Capítulo 14

Tempo de ajuntar pedras

Sobre pátios e varandas

Sou uma pessoa preconceituosa, o que tem me poupado de um bocado de problemas ao longo dos anos. Por exemplo, posso muito bem dizer que as duas pessoas que estão batendo à minha porta com Bíblias na mão são testemunhas-de-jeová, e será melhor mandar as crianças ficarem quietas, fingindo que não há ninguém em casa. Se o telefone toca na hora do jantar e uma voz feminina pergunta "Por favor, posso falar com o senhor Gulley?", sei que é alguém oferecendo alguma coisa. Digo que o senhor Gulley sofreu um terrível acidente – despencou de uma montanha-russa – e não pode atender. Normalmente isso faz com que a conversa termine. Esses são preconceitos que tornam a vida mais fácil.

Mas não são meus únicos preconceitos. Também já percebi que as pessoas que possuem varandas na frente da casa são abertas e honestas, não têm medo de ser observadas. Quem possui varanda na parte de trás da casa é dissimulado, esquivo, sempre tenta ocultar alguma coisa dos vizinhos. É por isso que se escondem atrás das casas.

A maioria das novas construções não tem varanda na frente. Os proprietários mandam construí-las na parte de trás. Isso ocorre porque hoje as pessoas são menos honestas do que antigamente. Os presidentes americanos George Washington, Abraham Lincoln e Harry Truman tinham casas com varandas na frente. Richard Nixon e Bill Clinton possuíam varandas no quintal.

Meus vizinhos são honestos. Sei disso porque eles têm varanda na frente. As pessoas passam de carro, acenam e pensam: "Esses Hall são pessoas muito boas!" Depois passam pela minha casa e me vêem no balanço no quintal. "O que será que ele está fazendo lá atrás?", ficam imaginando.

Querendo melhorar minha reputação, pensei em construir uma varanda na parte da frente da nossa casa. Mas desisti porque ela não foi feita para isso. Vai parecer uma frente falsa, como um vendedor de carros usados que carrega uma Bíblia. Então resolvi criar um pátio de pedras na lateral. Bem aberto. Um homem honesto, que nada tem a esconder.

Arlene Pease mora na estrada que vai para a cidade, ao sul da minha casa. Quando a visito, nos sentamos em um pátio de pedras que seu marido construiu em 1940. Não há sinais de desgaste. A única concessão ao tempo é o limo que cresce entre as pedras. Quando a senhora Pease fez 95 anos, pensou em ir viver em uma instituição para idosos. Mas lá havia um pátio de madeira, e ela não conseguia suportar a idéia. "Fico imaginando em que mais eles economizam", disse.

Quem tem um pátio de pedras não vai se satisfazer com menos. Qualquer tipo de pedra pode ser usado nesse projeto. Algumas pessoas utilizam paralelepípedos. É uma questão de gosto, embora quem prefira paralelepípedos tenha tendência à preguiça e não acredite em Deus. Esse é outro preconceito meu que, ao longo do tempo e na maioria das vezes, tem se provado verdadeiro. No meu país, os paralelepípedos são feitos em Nova Jersey pela máfia, que usa o dinheiro para comprar drogas e produzir filmes pornográficos. É importante as pessoas saberem a diferença para que possam tomar uma decisão consciente.

Um erro comum é construir o pátio de pedras no lugar errado. É preciso viver na casa por pelo menos um ano antes de dar início à obra. A essa altura ficará claro em que lado ele deve ser feito. Se um vizinho tem um adolescente barulhento, a pessoa certamente vai querer o pátio do outro lado da casa. Também pode preferir situá-lo perto da porta da cozinha para não ter muito trabalho de encher novamente a xícara quando o chá acabar.

Quando não há sombra no pátio, o ideal é plantar árvores imediatamente. Pode ser muito tarde para que o próprio morador se beneficie delas, mas quem passar a viver ali depois dele vai gostar do fato de essa atitude ter sido tomada. Elton Trueblood, professor, filósofo e teólogo quacre, escreveu em *The Life We Prize* (A vida que almejamos): "Um homem começa a pelo menos descobrir o significado da vida humana quando planta árvores que dão sombra e sob as quais sabe perfeitamente que nunca se sentará." Ele escreveu isso sentado em um pátio de pedra na Inglaterra. Quando alguém se senta em um pátio de pedra, palavras sábias brotam da sua boca.

Há profissionais que constroem pátios desse tipo, mas cada pessoa deve tentar fazer o seu. Algumas dirão que não têm tempo para isso; porém, se elas têm tempo para se sentar em um pátio, têm tempo para construir um. A maioria de nós contrata alguém para fazer obras na nossa casa, mas isso nos rouba a profunda satisfação de criar alguma coisa duradoura com as próprias mãos. Construirmos o pátio de pedras nos dá essa satisfação.

As visitas perguntarão:

– Puxa, que lindo pátio. Quem fez?

– Fui eu, mas não deu trabalho.

Elas vão admirar as linhas bem traçadas, o nível das pedras, o musgo nos vãos, a sombra da árvore que foi plantada ali. Todo o quadro. É um momento especial. Quando pagamos a alguém para fazer a obra, a sensação não é nem de perto tão doce.

Há uma alegria sem igual em criar algo. Um contentamento que aumenta à medida que uma tábua vai sendo pregada a outra, uma pedra é encaixada à seguinte e uma peça é ligada à que está do lado. Uma alegria lenta e gradual. Imagino que assim foi a satisfação de Deus ao dar forma a uma criança, a um pássaro, a uma flor. Sabermos que há um Deus no céu que se alegra por nos ter dado vida, que olha com admiração e amor para o que Ele criou, e que Seu amor estará sempre presente é suficiente para nos fazer brilhar. Absolutamente nada – as Escrituras afirmam categoricamente – pode nos separar do amor de Deus. É o amor de um Criador encantado por sua criatura.

Posso ser preconceituoso, mas acredito que Deus ama até mesmo as pessoas que têm varandas no quintal, apesar de sermos dissimulados, esquivos e estarmos sempre tentando esconder algo dos vizinhos. Inclusive ouvi dizer que Deus tem um lugar agradável para quem telefona oferecendo coisas. Se isso não é uma graça, então não sei o que é.

Capítulo 15

Tempo de abraçar

Uma meditação pré-escolar

Quando nosso filho mais velho, Spencer, fez cinco anos, nós o matriculamos na pré-escola. Começamos a criar uma pré-escola na nossa casa de encontros, nome que damos à igreja quacre, mas acabamos nos afundando nas reuniões do comitê, e as coisas não foram adiante. Quando as pessoas me dizem que estão cansadas das suas religiões organizadas, eu as convido a se tornarem quacres.

Não me lembro agora por que queríamos ter uma pré-escola quacre. Talvez por não acreditarmos que alguém de fora do nosso pequeno círculo pudesse cuidar dos nossos filhos como nós. Mas muitas vezes há coisas que dão certo, apesar da falta de confiança. E não foi diferente conosco. Depois de três reuniões, jogamos a toalha e levamos nossas crianças para a pré-escola metodista.

Cada turma recebia o nome de um bicho. Havia a classe das Borboletas. As borboletas têm uma beleza calma. Como os pássaros, migram para longe, distanciando-se milhares de quilômetros de seu local de origem e voltando a cada ano. Belas, com um aguçado senso de direção. Que honra ser uma Borboleta! Havia a classe dos Ursos. Os ursos são criaturas grandes e fortes. As crianças dessa turma tinham orgulho de estar ali. Spencer foi para a turma das Tartarugas. As tartarugas andam lentamente e fazem xixi na nossa mão quando as seguramos. Nosso filho não é pesadão e nunca fez xixi na nossa mão. Mas podia ter sido pior. Podiam tê-lo colocado na turma das Lesmas.

Joan e eu o acompanhamos no primeiro dia de aula. Levamos a máquina fotográfica. O cabelo penteado para trás, a camisa para dentro da calça. Sapatos novos. Mochila de Mickey Mouse. Foi um caos. Eu nunca tinha ouvido tanta gritaria nem visto tanto mau comportamento. Depois de algum tempo, porém, as coisas se acalmaram.

Apesar dos nossos receios, Spencer foi bem no primeiro dia na pré-escola. Aprendeu sobre a letra "A" e como escrevê-la. Mostrou-me o papel. Ele escrevera "Aa, Aa, Aa..." em toda a folha. Dizem que tudo mudou, mas fico feliz em avisar que o "A" continua a ser feito como antigamente.

Havia vinte crianças na turma das Tartarugas e duas professoras – as senhoras Campbell e Griffin. Jamais soube seus primeiros nomes. Será que nos Estados Unidos as professoras não têm prenomes? Eu as via no mercado e as cumprimentava: "Oi, senhora Griffin!" ou "Como vai, senhora Campbell?". Gostava das duas. Quando ia buscar Spencer, elas comentavam baixinho: "Seu filho é nosso melhor aluno." Creio que diziam isso para todos os pais.

Em uma noite de outono, a turma das Tartarugas ia fazer um passeio de carroça e assar salsichas. Expliquei a Joan que estava ocupado e não podia ir; planejara engraxar meus sapatos. Ela ficou uma fera. Disse que algumas vezes um pai precisa sacrificar a própria vontade pelo bem das crianças. Assim, acabei participando do programa. Fico feliz por ter dado logo minha cota de sacrifício.

Em um domingo anterior ao dia 25 de dezembro fizeram um auto de Natal na hora do serviço religioso. O lugar estava cheio – pais, avós, amigos e vizinhos. Em Lucas 1:10-11, quando todos os animais acabam de entrar, o anjo do Senhor levanta-se e diz estas palavras: "Não temais, pois vos anuncio uma grande alegria, que é para todo o povo: nasceu-vos hoje um Salvador, que é Cristo Senhor, na cidade de Davi." Eu já ouvi esse versículo mil vezes, mas sua beleza ainda me deixa sem ar.

Spencer formou-se na pré-escola com louvor. Suas letras eram bem retas, o que lhe garantiu a honra de levar a bandeira na formatura que aconteceu no porão da igreja metodista. As senhoras Campbell e Griffin estavam lá sorrindo e beijando bochechas. Quando chamaram meu filho e ele atravessou o palco, com o cabelo penteado para trás e a camisa para dentro da calça, me enchi de orgulho. "Meu garoto vai longe", pensei.

Mas ele foi mesmo para o jardim-de-infância, para a turma da tarde, da senhora Fruits. Ela trabalha ali há trinta anos. Seus antigos alunos a vêem no mercado e dizem: "Oi, senhora Fruits. Como vai?" Ninguém sabe seu primeiro nome. Meu filho apaixonou-se por ela. Enquanto outras crianças brincam do lado de fora da casa, ele fica sentado à mesa da cozinha desenhando caubóis, escavadeiras e baleias – tudo para a senhora Fruits.

Essa professora aplica três regras: só falar na sua vez, não empurrar as outras crianças e não trocar de lugar. Quem desobedece tem o nome escrito no quadro. Todos os dias quando Spencer chega em casa o coloco no colo e pergunto, rosto sério e voz grave, se seu nome foi para o quadro. Ele me diz que não e eu o abraço. Não pensei no que fazer se ele responder que sim.

O melhor amigo de Spencer na escola é Sam Headley, uma espécie de maravilha. Spencer fala sobre Sam durante todo o jantar. "Sam Headley adivinhou o que havia na caixa de surpresas. Sam Headley foi o primeiro da fila. Shelly Neilson chamou Sam Headley de seu doce anjo." Não conheço Sam Headley e mal posso esperar por isso.

Um dia a enfermeira da escola, a senhora Edmondson, telefonou. Spencer estava passando mal. Pediu-me que fosse até lá. Ele perdera um dente e tinha vomitado por causa do gosto de sangue. Foi então levado à enfermaria, pálido e sem energia. Quando cheguei, o vi debruçado na ponta da maca, já animado e falando sobre a fada do dente:

"A fada do dente vai me trazer cinco dólares", disse ele à enfermeira. Ela o olhou espantada. Spencer sempre confunde dólares e centavos de dólar.

Uma caixinha em formato de dente pendia do seu pescoço. Ele a abriu e me mostrou o dente – pequeno, pontudo e rosado por causa do sangue.

Àquela hora, as aulas já tinham acabado. Spencer me levou à sala onde estudava para me mostrar sua classe e a cadeira de Sam Headley. Pegou minha mão e me conduziu até o globo. Havia um alfinete espetado em Indiana, à esquerda do centro da palavra.

"É aqui que moramos", ele disse, "perto do 'd' de Indiana".

Levei-o para casa. Naquela noite, Spencer falou sobre o dente que caíra e contou como a senhora Pizareck, a assistente da professora, o levara ao banheiro e depois à enfermaria. Após o jantar, fez um desenho da senhora Pizareck segurando-lhe a mão.

"Este é o meu dente", disse, mostrando um dente pontudo tão grande quanto seu pé. Meu filho ainda não aprendeu perspectiva. Nem eu.

Perspectiva é a capacidade de ver coisas nas suas relações verdadeiras, ou na sua importância relativa. Eu pensava que a coisa mais importante que podia fazer era manter meus filhos seguros. Essa é uma esperança exagerada. Agora quero que amem, confiem, acreditem. Em Deus, neles mesmos, nas outras pessoas.

Quando nós, quacres, começamos a planejar nossa pré-escola, tínhamos grandes sonhos. Dali passaríamos ao jardim-de-infância e iniciaríamos uma nova série até o ensino médio. Nossos filhos permaneceriam sob nossa guarda, em segurança. Mas isso não funcionou e fico grato. O abraço que começa com o desejo de proteger invariavelmente se torna um amor que sufoca.

Abraçamos nossos filhos, porém chega a hora de lhes dar espaço e deixar que outras pessoas os amem também. A senhora Campbell, a senhora Griffin, a senhora Fruits, a enfermeira da escola, a senhora Pizareck e o incrível Sam Headley estão esperando nos bastidores. Eles não amam nossos filhos tanto quanto nós, mas os amam de uma forma que nós não podemos amar. Não é possível darmos a nossas crianças todo o amor de que precisam. Podemos dar-lhes apenas muito amor e depois soltá-las para que os outros as amem também.

Capítulo 16

Tempo de se separar

Coisas que não suporto

Minha mulher diz que, quanto mais velho fico, mais mal-humorado me torno. Ela faz questão de que eu saiba. Se sou ranzinza, o que é discutível, encaro de forma honesta. Meu pai pode ser rabugento. Meu avô, então, mais ainda, e as histórias sobre meu bisavô indicam que ele também era assim.

Disse a Joan que não sou mal-humorado. A questão é que simplesmente não suporto certas coisas e não vejo motivo para não me expressar. Afinal, o autor do Eclesiastes nos lembra de que há um tempo de se separar, de não abraçar, o que significa que existem coisas que podemos não tolerar. Como resultado, por questão de obediência espiritual, sou obrigado a ter uma posição firme em relação a alguns pontos. Tento não ser ranzinza, mas, se pudesse, livraria o mundo de certos aborrecimentos.

Algo que não suporto é barulho. Alguns adolescentes na nossa cidade dirigem caminhonetes com o motor envenenado. Rodam para cima e para baixo pela minha rua. O estrondo me irrita, embora eu fizesse o mesmo na idade deles. Uma vez dirigi durante um verão inteiro sem silenciador no carro. Corria pelas ruas e acelerava nos sinais. Foi o melhor verão da minha juventude. Agora que estou mais velho, não gosto mais disso e queria que fosse considerado ilegal. Não me importaria em ver um ou dois adolescentes presos por dirigirem um carro barulhento.

Isso me leva à segunda reclamação: música alta nos carros, o tipo de som cheio de batidas que podem ser ouvidas a quilômetros de distância. Mais uma vez, o problema são os jovens que não param para pensar que outras pessoas talvez não queiram ouvir a mesma música. Se é que posso chamar aquilo de música. Estou pensando em me candidatar a vereador tendo como plataforma ruas silenciosas. Qualquer carro circulando com som alto será guinchado e vendido para o ferro-velho. Naturalmente, quando eu era garoto ouvia somente Bach e outros clássicos, e sempre com fones de ouvido.

Além do barulho e da música alta em automóveis, há cães latindo. Não sou exatamente louco por esses animais. Têm mau cheiro, mau hálito e babam na nossa mão. E ficamos com a mão suja depois que fazemos carinho na sua cabeça. Quem tem cachorro sempre me diz que vou adorar seu animal e age como se isso fosse verdade, mesmo que não seja. Não gosto especialmente dos cães que latem dia e noite e também não costumo fazer uma boa imagem dos seus donos. Quando eu era garoto, tinha uma cadela chamada Zipper, o melhor cão do mundo. Todos os que a conheciam concordavam que ela era excepcional.

Por favor, entenda que, descrevendo essas coisas que me aborrecem, não estou sendo ranzinza, mas obediente. Estou apenas vivendo de acordo com o Eclesiastes, que nos diz que há um tempo de separar, e não de abraçar.

Há outras coisas que, se desaparecessem, tornariam o mundo melhor. Uma é cuidar do quintal. Conheço quem goste disso, mas não é o meu caso. Jamais foi. A única hora em que agradeço por ter que fazer esse trabalho é quando minha mulher me pede que a acompanhe nas compras e lhe digo que não dá porque preciso cuidar do quintal. Poderia contratar alguém para essa tarefa, no entanto isso não é comum na nossa cidade.

Outra coisa que me irrita é ver gente jogar lixo pela janela do carro. Não há nada pior do que estar na estrada atrás de alguém que joga um saco de lanchonete no acostamento. Nessa hora queria ser um policial para mandar o carro parar, aplicar uma multa e fazer a pessoa catar o que jogou fora. Se eu fosse uma autoridade, obrigaria as pessoas que lançam coisas pela janela a passar o dia mais quente do verão para cima e para baixo recolhendo lixo. Na noite anterior, espalharia um monte de porcaria no acostamento só para tornar o trabalho mais difícil.

Como estou falando novamente de automóveis, outra coisa que me exaspera são pais que não colocam o cinto de segurança nas crianças. Essas pessoas deviam ser presas, menos meus pais, que também nunca me colocaram o cinto nos 18 anos em que vivi com eles. Mas isso era diferente.

Outra fonte de irritação é sair da banheira e ver que esqueci de pegar a toalha. Algumas vezes por ano me hospedo em hotéis e, apesar das falhas, posso afirmar: sempre há montes de toalhas em banheiros de hotel.

A pior coisa em viagens é, naturalmente, andar de avião. Se o homem já imaginou uma forma mais torturante de viajar, não conheço. Lugares apertados, longas filas, comida ruim, turbulência. Turbulência é um problema que tem aumentado. Em um vôo recente, cobri o rosto com as mãos ao ver o carrinho de bebidas virar e a aeromoça tropeçar pelo corredor.

Detesto quando estou no supermercado e ouço as pessoas gritando, batendo nos filhos. A querida Abby disse que o melhor nesses casos é nos oferecermos gentilmente para cuidar das crianças enquanto os pais fazem as compras. Eu tomaria essa atitude, mas temo que aceitem e eu tenha que agüentar os monstrinhos.

Nunca vou gostar de ofertas por telefone. Até me dá um arrepio quando o telefone toca porque penso que pode ser alguém querendo me falar sobre uma incrível oferta de em prego ou me dizer que ganhei um prêmio. Mas nunca é isso. É sempre alguém tentando me vender alguma coisa. E minha casa não precisa de nenhum revestimento novo e não quero trocar de operadora de telefone, não importa que seja mais em conta.

Há aqui outras coisas que não tolero e que jamais consegui, em sã consciência, abraçar:

Detesto políticos que fazem coisas idiotas ou ilícitas e acusam outras pessoas.

Minha mulher às vezes usa meu protetor labial. Quando pego o tubo, ele está vermelho de batom. Mesmo nos beijando bastante, não quero dividir meu protetor com ela.

Não suporto pastores que fazem pregações de mais de vinte minutos, a não ser, é claro, que seja eu.

Falando em igreja, não gosto de cantar músicas com letras projetadas na parede. Aprecio cantos antigos, lidos em velhos hinários.

Não ligo para casas novas, embora viva em uma. O que me impede de comprar uma casa antiga é que tenho horror a fazer trabalhos em uma casa antiga, mais ainda do que abomino casas novas.

Nunca vou entender por que alguns homens não levantam a tampa do vaso e depois a abaixam quando acabam.

Detesto quando velhos conhecidos me telefonam com a desculpa de falar dos velhos tempos e acabam me chamando para uma reunião para vender detergentes, pinturas ou cestas.

Essas são as coisas que me irritam. Se me esforçar um pouco, provavelmente vou encontrar outras. Mas não farei isso porque não gosto de ficar no negativo. É contra minha personalidade. Isso é outra coisa que não suporto – pessoas negativas. Fico feliz em não ser assim.

Tenho uma confissão a fazer. Muitas vezes me aborreço com coisas erradas. É verdade. Reclamo das menores coisas. A fome do mundo raramente me aflige, mas se o atendente do

McDonald's se esquecer de colocar ketchup no meu hambúrguer, cuidado. Não me orgulho disso. Um bom começo rumo à sabedoria é ser capaz de julgar aquilo que merece raiva e aquilo que não merece – as coisas que devemos abraçar e as que não devemos abraçar.

Eu me tornei cristão depois de ler a Bíblia e descobrir, para meu prazer, que Jesus não gostava das mesmas coisas que eu não tolero. Ele também não apreciava música alta, por isso os apóstolos não levavam caixas de som nas viagens. Não sei bem se Ele suportaria amigos o convidando para uma reunião de venda de detergente – a Bíblia não diz. Assim como eu, Jesus não tinha simpatia por pessoas que reclamam de coisas sem importância. "Guias cegos, que filtrais um mosquito e engolis um camelo!", disse (Mateus 23:24). Fico feliz em não estar nesse grupo.

Capítulo 17

Tempo de buscar

Uma satisfação tranqüila

Um dos maiores prazeres é o sentimento de superioridade. Não estou falando da superioridade de quem supõe que sua raça ou nacionalidade seja melhor do que outra. Isso é feio. Estou me referindo à satisfação tranqüila que sentimos depois de trabalhar duro para alcançar determinado nível em uma profissão, um assunto ou um esporte.

Não tenho muito jeito para consertar coisas nem primo pela organização. Mas meu vizinho Joe é ainda menos competente do que eu nesses assuntos, o que faz me sentir superior. É um sentimento maravilhoso. Para ser justo com Joe, devo dizer que ele é ótimo em todas as outras áreas. É um homem sensacional, pai amoroso, bom marido, consegue me derrotar no basquete, sua mãe o adora e ele vai à igreja toda semana. Para meu grande prazer, porém, é completamente incompetente em termos de reparos domésticos e organização de ferramentas. Passa um tempo enorme procurando por elas. Quando as encontra, não sabe como usá-las.

Eu tenho um painel na garagem no qual penduro meu jogo de ferramentas, que inclui três chaves inglesas, dois martelos, uma serra, seis chaves de fenda e uma plaina que meu avô me deu para o caso de eu precisar construir uma roda de carroça de madeira. Comprei tinta preta e um pincel pequeno e fiz o contorno de cada ferramenta no painel. Assim, quando Joe pega uma sem me pedir, logo sei qual foi.

Joe também tem um painel na garagem. Ali estão pendurados cinco pás e três esfregões. Por que alguém precisa de cinco pás e três esfregões? Joe nunca explicou. Suas ferramentas estão amontoadas em uma caixa de papelão ao lado do carrinho de mão. Sugeri que jogasse fora os esfregões e as pás e pendurasse as ferramentas no painel. E também que pintasse os contornos para saber num piscar de olhos se todas as ferramentas estão à mão. Até lhe dei a tinta preta e o pincel, mas ele os perdeu antes de fazer os contornos.

Há algum tempo, Joe quis construir um depósito no quintal, embora isso seja proibido no nosso bairro. De acordo com a lei, não são permitidos prédios independentes, a não ser gazebos. Como Joe não pode ter um depósito, quer fazer um gazebo e ali colocar seus cacarecos. Isso me surpreende. Ele tem uma garagem para quatro carros, possui muitos objetos e precisa vender alguns deles. Diz que o problema é a esposa – ela traz coisas para casa com mais rapidez do que ele consegue organizá-las. Joe encara seus problemas como homem: põe a culpa na mulher.

Em um sábado, nós dois tentamos dar partida no seu trator e procurávamos o carregador de bateria. "Está por aqui, em algum lugar", ele disse, empurrando caixas com os pés. "Vou achar em um minuto."

Eu tinha minhas dúvidas.

"Se me deixassem fazer um depósito, saberia onde está o carregador de bateria", continuou.

Eu tinha minhas dúvidas quanto a isso também.

Resolvi, então, que ia tornar Joe organizado, mesmo que isso acabasse me matando.

Essa não é uma tarefa fácil e não deve ser realizada de maneira superficial ou frívola por qualquer um. É preciso desfazer toda uma vida de maus hábitos. A pessoa que precisa de ajuda tem que estar disposta a se submeter a esse rigoroso processo. Felizmente, Joe estava no limite, admitiu que precisava mudar e se dispôs a enfrentar o árduo trabalho necessário para se tornar um homem organizado. "Estou cansado de tropeçar em caixas e passar uma hora procurando por uma lanterna", desabafou. Ele chorou ao confessar, um homem vencido pela bagunça. "Você pode me ajudar?", me pediu, uma lágrima rolando no rosto.

Começamos pela garagem.

"Você precisa de prateleiras", eu disse. "De muitas prateleiras."

Um homem nunca pode ter prateleiras em excesso, mas Joe simplesmente não tinha nenhuma. Contava com apenas uma escrivaninha comprada por sua mulher. Esse móvel podia ser útil no escritório, porém estava atravancando a garagem. Eu lhe disse: "Suma com isso, venda, queime, jogue no acostamento por aí, mas tire daqui." Normalmente não sou autoritário; no entanto, quando alguém se propõe a fazer de um amigo um homem organizado, precisa ser firme.

Telefonei para Bill Eddy, que veio no sábado seguinte e pegou a escrivaninha para guardar seu equipamento de pesca. Ele não deve ter demorado muito para perceber que esse móvel não era o lugar ideal para isso, mas... problema dele. Quando alguém se propõe a fazer de um amigo um homem organizado, valores morais e escrúpulos não podem atrapalhar.

Calculei que custaria uns setecentos dólares transformar a garagem em um lugar habitável. Seria necessário comprar 12 prateleiras, três ganchos para bicicleta, uma bancada de trabalho, uma escada de três metros e uma televisão em cores para assistir ao jogo de basquete da universidade local. Mas antes precisávamos convencer sua mulher, o que não seria fácil.

"É mais barato que um gazebo", eu disse.

Começamos em uma terça-feira. Joe tinha um monte de trastes empilhados em um canto. Perguntei-lhe o que era aquilo.

"Há um sofá cor de laranja em algum lugar por aqui", respondeu.

Não quero ser convencido, mas, além das minhas habilidades para organizar, também tenho estilo. Sugeri a Joe que levasse o sofá cor de laranja para a varanda, uma orientação que considero o exemplo do bom gosto. Nos dois dias seguintes fixamos 12 prateleiras, construímos uma bancada, penduramos três bicicletas, consertamos o cortador de grama, colocamos as ferramentas no painel e as circundamos com tinta preta. Guardamos a comida de cachorro, a de gato e a dos passarinhos em vasilhas de plástico, penduramos o ancinho e instalamos a furadeira elétrica à esquerda da bancada e o extintor de incêndio à direita. A televisão está na segunda prateleira, na altura dos olhos, e as cadeiras de lona penduradas ao lado da pia.

A garagem está ótima, e sempre que a vejo me orgulho, sabendo que ajudei a arrumá-la. Joe diminuiu bastante o tempo que leva procurando coisas. Quando precisa de uma chave inglesa, sabe onde encontrá-la. Está visivelmente satisfeito com sua nova organização e até um pouco mais eficiente nos consertos domésticos.

"Por que não fiz isso antes?", me perguntou. "Agora sei onde está tudo e não preciso esbravejar enquanto procuro."

Disse-lhe para não reclamar dos anos que passou tentando descobrir onde estavam as coisas, pois isso o fez apreciar sua nova organização.

Procurar nos ensina lições que encontrar não ensina.

Por ser pastor, as pessoas freqüentemente vêm comentar comigo como gostariam de ter encontrado Deus mais cedo. Sempre destaco as bênçãos de uma fé que não foi adquirida facilmente e digo que normalmente não vale a pena manter a fé encontrada de maneira rápida. Scott Wagoner, um pastor meu amigo, orienta seus paroquianos a nunca desprezarem a busca pelo sagrado e afirma que a lamentação desvaloriza esse processo. Em vez de nos lamuriar pelo tempo que procuramos sem encontrar, devemos nos lembrar de que a procura torna a descoberta especial. Assim, estejamos procurando por uma chave inglesa ou por Deus, não podemos depreciar a busca.

Quando minha mulher reclamou de que não conseguia achar as chaves do carro, expliquei-lhe que a procura não deve ser desprezada.

Joan pensou um pouco a respeito.

– Por que acabei me casando com um teólogo? – perguntou.

– Porque você não encontrou ninguém melhor.

– Talvez eu não tenha procurado o suficiente.

Ela pode ter razão.

Capítulo 18

Tempo de perder

O cinema Royal

Em uma noite de sábado, minha mulher e eu caminhamos o quilômetro e meio que nos separa do centro da cidade para irmos ao cinema.

Todos os sábados à noite, desde 1927, as luzes brilhantes da marquise do cinema Royal se espalham pela rua Washington e pelo gramado do tribunal. Naquele sábado, porém, as fileiras de lâmpadas estavam apagadas e a porta fechada. Um papel colado na porta estampava a triste mensagem: "Fechado."

Três mil, seiscentos e noventa e dois filmes destruídos por um papel na porta. Charlie Chaplin em *O grande ditador;* Claudette Colbert em *Aconteceu naquela noite;* Humphrey Bogart e Katharine Hepburn em *Uma aventura na África;* Bob Hope e Bing Crosby nos *road movies;* Jimmy Stewart em *A felicidade não se compra* e *A mulher faz o homem;* John Wayne como Rooster Cogburn e Harrison Ford como Indiana Jones. Não voltam mais. Acabou. Isso é o que penso ao ler aquela triste e derrotista palavra. "Fechado."

Minha primeira lembrança do cinema Royal é de quando eu tinha sete anos e meus pais nos levaram para ver *O calhambeque mágico*, com Dick Van Dyke no papel de Caractacus Potts. Fazia uma noite linda, e a recordação era tão boa que por pouco não dei a meu primeiro filho o nome de Caractacus.

Robert e Sophie Ahart e as quatro filhas eram os donos desse cinema. O senhor Ahart usava terno e gravata, vendia ingressos e mantinha a ordem. Sempre sorridentes, a senhora Ahart e suas filhas vendiam pipoca e balas. Jimmy Anderson era o operador de projeção, porteiro e lanterninha. Ele subia a escada para a cabine de projeção, preparava os rolos de filme, acendia o projetor e observava o público por uma janelinha. Nós não podíamos vê-lo, mas o sentíamos ali em cima nos observando.

O cinema Royal impunha duas regras: não era permitido conversar nem colocar os pés na cadeira da frente. Quando as pessoas começavam a falar, Jimmy parava a projeção até que fizessem silêncio. Ficava observando quem colocava o pé no assento da frente. Quando isso acontecia, ele saía da cabine, ia até o infrator e batia no seu joelho com a lanterna. Agia assim com jovens e velhos. Sem discriminações.

Enquanto a pessoa estava no chão, segurando o joelho e chorando, Jimmy esclarecia a regra: tirar os pés da cadeira ou sair do cinema. Depois voltava à cabine. Até hoje há pessoas na cidade que caminham mancando. Fora isso, era um lugar hospitaleiro. De 1968 a 1977, ali passei todas as noites de sábado, do lado direito da sala, na terceira fileira contando a partir da última poltrona do corredor.

Assisti ao meu primeiro e único filme de terror no cinema Royal. *A invasão das rãs*, com Ray Milland. Turistas em férias em uma ilha são atacados e devorados por esses anfíbios. Tínhamos um pequeno lago no nosso quintal. Fui para casa naquela noite e fiquei ouvindo os sapos coaxar e não preguei o olho. Nunca mais vi um filme de terror. Ter filhos pequenos já dá medo suficiente.

Eu não estava no cinema Royal quando passou *King Kong*. Queria ter estado. O senhor Ahart contratou um homem para se vestir de gorila. No meio do filme, quando King Kong estava para agarrar Fay Wray, o senhor Ahart apagou as luzes, parou a projeção, e o homem fantasiado entrou pelo cinema agarrando as pessoas. Havia lugar para 450 espectadores na sala. Em um minuto, 225 deles foram embora.

Quando minha mulher e eu estávamos escolhendo uma casa para comprar, um dos critérios era que sua localização nos permitisse ir a pé ao cinema Royal e a outros lugares interessantes da cidade. Abrimos um mapa na mesa da cozinha, colocamos a ponta do compasso no Royal e traçamos um raio de um quilômetro e meio. Qualquer casa que estivesse no círculo servia. Com o fim do cinema, sinto-me menos ligado a esse lugar e penso em me mudar para o campo. Como tínhamos o Royal, nunca senti falta de televisão nem de videocassete. Sem ele, precisaremos fazer um ajuste no nosso estilo de vida. Talvez tenhamos que comprar uma televisão.

O Royal morreu devagar, como uma velha senhora que tem ataques. Em 1947 foi fechada a Faculdade Central para Professores do Normal. Os alunos formavam a maior parte do público do cinema, e isso foi ruim para o negócio. Nos anos 1950 surgiu a televisão. Não consigo entender por que as pessoas preferiam ficar em casa sentadas assistindo à televisão se podiam estar no Royal comendo pipoca. Mesmo com Jimmy Anderson batendo nos joelhos, ainda era um lugar especial, e está além da minha compreensão por que suas salas não ficavam lotadas. Na década de 1960, o Royal deixou de exibir filmes diariamente e passou a funcionar apenas quatro dias por semana. Foi quando um grupo empresarial construiu oito salas de exibição na cidade vizinha. Isso selou seu destino, embora tenhamos levado um tempo para perceber.

Quero culpar alguém pela morte do cinema, apontar o dedo para uma pessoa, responsabilizando-a. Naturalmente, esse cidadão não existe. Somos todos nós. É a locadora de vídeos que abriu na cidade, a pipoca de microondas, a televisão a cabo e a auto-estrada de quatro pistas que leva à cidade vizinha para um programa de jantar e cinema. É Hollywood, que parou de fazer séries como *Zorro*, que atraíam as crianças.

O que mais me deixa triste com a morte do Royal é o seguinte: agora, das coisas que eu sempre fazia na idade dos meus filhos há menos uma que eles podem fazer. Eu acendia fogueiras no bosque que ficava do outro lado da minha casa. Hoje ali há um parque, onde fogueiras são proibidas. Ia de bicicleta à loja de ferragens para admirar os canivetes de bolso na vitrine. Mas a antiga loja está fechada e a nova fica na auto-estrada, e lá não vendem canivetes de bolso. Tomava sundaes na sorveteria Lawrence, porém ela também acabou. O cinema era minha última grande esperança, agora perdida, e estou completamente desolado.

Morreu mais do que um cinema. O jornal da cidade publicou um artigo a respeito. "Negócios locais fecham", era a manchete. Isso não reflete a realidade, é pouco. O Royal era muito mais do que um negócio local. Era um lugar de imaginação, romance, drama e sonhos. Gorilas andavam nos seus corredores. Joelhos eram feridos para toda a vida. Romances começavam nas suas cadeiras sagradas. Agora meus filhos não conhecerão os prazeres do Royal, e isso me entristece. Assistir aos filmes de caubói de Roy Rogers ali me deu fundamento moral. Aprendi a abrir portas para senhoras, a não atirar em um homem pelas costas, a tirar o chapéu em lugares fechados e a respeitar minha mãe. Aprendi que minha palavra significa compromisso, que há mocinhos e bandidos e que estes últimos sempre perdem, então temos que ser bons. Os Dez Mandamentos não teriam me ensinado isso de uma forma tão simples.

As luzes de fora do cinema Royal estão apagadas, a bilheteria vazia. As vitrines em que se colocavam cartazes coloridos, sem nada e maltratadas. Mas me lembro de quando não era assim. No momento em que parei com minha mulher na frente do

Royal naquela noite de sábado, o ano de 1968 me veio à memória. Foi o último ano em que o cinema exibiu sessões de faroeste à tarde. Os filmes faziam barulho; o som pipocava de tão antigo. Era a época em que um amigo era um amigo.

Acabo de perder um amigo. Essa história não tem uma mensagem nem um conselho para se viver bem. Ela é sobre um amigo que morreu. Senti necessidade de contar um pouco a respeito dele.

Capítulo 19

Tempo de guardar

A antiga caixa de charutos

Como quacre, sou obrigado a abraçar certas virtudes que, de outro modo, não me atrairiam. Uma vez que somos pacifistas, não posso brigar com ninguém. Em geral isso não é problema, a não ser quando tive um chefe terrível e quis quebrar seu nariz, mas não pude. Em vez disso, mudei de emprego. No entanto, por um instante, gostaria de ser batista.

Além de pacíficos, os quacres são completamente honestos. Se alguém tiver que comprar um carro usado, que compre de um quacre. Caso essa pessoa pergunte, nós lhe diremos todos os problemas que o automóvel tem e se sofreu algum acidente. Porém, ela precisa perguntar, caso contrário não lhe daremos a informação. Somos honestos, mas não burros.

Os quacres valorizam a igualdade. Acreditamos que homens e mulheres são iguais e, uma vez que a oportunidade se apresente, elas podem fazer as mesmas besteiras que os homens. Não discriminamos as pessoas pela cor ou por suas concepções a respeito de Deus. Nós nos damos bem com muçulmanos, judeus e budistas, embora já tenhamos discutido uns com os outros. Em 350 anos, passamos por três grandes divisões e numerosas pequenas dissensões. Felizmente somos pacifistas, de outro modo sangue teria sido derramado.

Paz, honestidade e igualdade são apenas alguns dos princípios quacres. Também temos grande respeito pela simplicidade e escrevemos livros sobre esse tema, alguns com centenas de páginas. Para nós, as roupas devem ser práticas e não chamativas, e o mesmo vale para os automóveis. Nossa comida tem que ser nutritiva e simples. Quando vamos a restaurantes caros, nos sentimos culpados. A grande diferença entre as religiões não é a teologia, mas as coisas que nos provocam culpa.

Quanto à simplicidade, os quacres crêem que, quando alguém abre a porta de um armário, nada deve cair. Sempre que nos visitamos, aproveitamos quando os anfitriões saem do quarto e abrimos os armários para ver se eles passam no teste da simplicidade. Também acreditamos que, se precisamos forçar os suéteres para os guardarmos na gaveta ou amassá-los para fechar o móvel, é porque possuímos suéteres em excesso e temos que dar alguns. Para os episcopalianos, a solução é comprar um armário maior.

Sou um bom quacre quando se trata de pacifismo. Jamais matei alguém nem pretendo fazer isso. Lido bem com a honestidade. De vez em quando conto uma mentira, a maioria para minha mulher ao responder a perguntas como "Você se importa de lavar a louça?" ou "Você gosta deste vestido?".

Sempre tento ser honesto nos meus negócios e não faço acordos com quem não seja assim também. Sou honesto e escrupuloso quanto a todos os impostos e todo ano pago mais do que devo. Pode acreditar.

O teste no qual não passo é o da simplicidade. Eu me visto modestamente. Sempre que como em um restaurante caro, sinto-me culpado. Dou meus suéteres. Mas, quando se trata do teste do armário, sou um fracasso. Isso porque sou sentimental e incapaz de me separar de coisas que tenham um mínimo de significado. Guardo uma antiga caixa de charutos no armário do meu quarto, na última prateleira. Está abarrotada de coisas que não servem para ninguém, só para mim. Há um pedaço de papel com um poema que me foi dado por uma garota chamada Nora quando eu tinha 16 anos. Um lindo poema, lírico e doce, embora um pouco arrebatador. Fala em nos tornarmos um e no seu desejo de gostar de mim se eu permitir e me aproximar dela. Algo bastante perturbador para um garoto dessa idade. Foi o único poema que uma garota me escreveu, então o preservo. Mostrei-o à minha mulher e pedi que ela fizesse um poema para mim. Joan escreveu:

Rosas são vermelhas,
Violetas são azuis
Como posso escrever poesia
Tendo que cuidar dos seus filhos todo dia?

Também guardei a nota da minha primeira bicicleta nova. Comprei-a em 16 de junho de 1975. Eu estava com 14 anos. A bicicleta era verde e tinha dez marchas, oito das quais jamais usei. O número de série era DL545900. Custou 138 dólares e 78 centavos, incluídos os impostos e um cadeado. Quando a comprei, meus pais disseram que iam me restituir o valor, mas jamais fizeram isso. Lyn Larison, que trabalha no banco, diz que, com modestos juros de 7% ao ano, eles me devem 691 dólares e 81 centavos. Telefonei para lhes dizer isso e eles riram. Estou pensando em me aconselhar com um advogado.

Guardo algum dinheiro na minha caixa de charutos. Não muito: para ser exato, uma nota de dois dólares de 1953, que meu pai me deu. Acho que isso significa que ele me deve apenas 689 dólares e 18 centavos.

No fundo dessa caixa está o cartão do funeral do meu melhor amigo, Tim Hadley, com a data de 25 de maio de 1981. Também guardei o do funeral da minha mãe, que morreu de câncer 12 anos depois. Minha avó Norma faleceu em 27 de agosto de 1994. Também tenho seu cartão. No Natal antes da morte de Tim, ele me deu uma lista do que gostaria de ganhar. Eu a mantenho na caixa de charutos. Em 1980, Tim queria um gravador de oito pistas, uma camisa de flanela ou um conjunto de chaves tipo soquete. Escreveu ainda que queria uma ceroula, mas depois riscou esse item. Quando Tim se foi, ainda era jovem o suficiente para não querer ceroulas de Natal.

Minha mulher não tem uma caixa de charutos e me olha de lado quando pego a minha para remexer. Ela não é sentimental, a não ser quando se trata dos nossos filhos. Deles ela guarda tudo. Quando Sam estiver com quarenta anos e já tiver os próprios filhos, poderemos lembrar que minha mulher sentiu as primeiras dores de parto à uma hora da manhã de 24 de fevereiro de 1995 e que ele nasceu oito horas e nove minutos depois. Vamos nos lembrar dessas informações porque Joan as anotou no diário que mantém na mesinha-de-cabeceira. Desde que os meninos nasceram, ela escreve alguma coisa a respeito deles uma vez por semana. Quando Spencer tinha três anos, ele se vestiu de leopardo para a festa de Halloween. Minha mulher fez a fantasia. Está tudo no diário.

A maioria das mães guarda coisas. Quando eu tinha sete anos, comprei para a minha um canário de plástico em uma loja que vendia coisas de cinco e dez centavos de dólar. Ela o pendurou no trilho da cortina sobre a pia da cozinha, onde está até hoje. A cozinha já foi reformada duas vezes, mas aquele canário verde e amarelo continua no trilho da cortina e canta seu canto silencioso. Essa é uma verdadeira mãe.

Quando Jesus era vivo, sua mãe não mantinha um diário. Quando Ele fazia alguma coisa especial, ela guardava na memória. São Lucas diz que ela manteve todas essas coisas no coração. É um bom lugar para guardar as coisas, no coração. Ao alcance da mão, como o canário no trilho da cortina.

Pensei que algumas coisas que meus filhos fizeram iam ficar

na minha lembrança, mas o tempo passou e elas se foram. Não consegui mantê-las no coração. Gostaria de tê-las anotado e colocado na caixa de charutos. É sábia a pessoa que consegue discernir entre o que preservar e o que jogar fora. Guardo a nota de uma bicicleta de 1975. Minha mulher guarda diários e lembranças doces e ternas. É melhor mantermos as coisas no coração. No entanto, se isso não for possível, caixas de charutos e diários vêm em segundo lugar.

Capítulo 20

Tempo de jogar fora

Jubileu

Minha mulher e eu nos mudamos quatro vezes em 14 anos, uma vez a cada três anos e meio. Durante o mesmo período, meu irmão David mudou-se 12 vezes, e minha sogra, Ruby Apple, vive na mesma fazenda na estrada do lago Grimes desde 15 de setembro de 1940.

Tantas mudanças não me dão orgulho. Desconfio de gente que se muda muito. Fico imaginando do que estão fugindo. Estão fazendo isso porque devem dinheiro? Às vezes as pessoas se mudam porque trocam de trabalho. Por que elas não conseguem manter o emprego? Acredito que não contrataria alguém que se mudasse a cada três anos e meio.

A primeira vez em que nos mudamos foi quando nos casamos. Isso é normal, então não me envergonho desse fato. A segunda mudança aconteceu porque a casa em que morávamos ia ser posta abaixo, então não tivemos culpa. A terceira vez foi quando aceitei ser pastor em uma igreja da cidade. Foi a vontade de Deus, não tive escolha. A quarta mudança ocorreu quando resolvemos simplificar a vida, o que é um belo objetivo. Já reparou que quando as pessoas se mudam é por causa de falhas morais, mas quando eu me mudo é por boas razões?

Embora suspeite de pessoas que se mudam muito, mudar tem suas vantagens. Se moramos em um lugar espaçoso, guardamos um monte de tralha. A mudança nos obriga a jogar fora roupas velhas e presentes de Natal que não usamos, que só enchem armários. Juntar os pertences nos obriga a decidir se vale a pena levá-los para a casa nova. Se nunca nos mudamos, enfiamos as coisas no armário e nos esquecemos delas. Quando meus pais morrerem, vou chorar por dois motivos: por estar triste e porque eles não se mudaram em trinta anos e seus armários estão cheios. E também o porão, o sótão e o celeiro. Espero que se mudem antes de morrer.

Joan gosta de se mudar, principalmente porque aprecia jogar coisas fora. Toda primavera ela esvazia a casa, quarto por quarto, armário por armário. Examina cada item – roupa, enfeite, livro, brinquedo, utensílio doméstico –, levanta-o no ar e pergunta: "Isto foi usado no último ano?" Ela me olha quando eu respondo – um detector de mentiras ao vivo e que respira. Se digo que não usei, ela joga o que for em uma caixa e a envia ao Exército da Salvação. Quando acha que estou mentindo, joga na caixa do mesmo jeito. Agora escrevo nas coisas a última data em que as usei. Caso alguém examine o punho da minha camisa azul, vai ver a anotação: "Usada pela última vez em 14 de abril."

Conheço uma senhora que não joga nada fora. Ela tem quatro sofás na sala porque sempre que compra um sofá novo não consegue se desfazer do velho. Os sofás estão alinhados nas paredes – cinco no total. Quatro na sala e um na cozinha, encostado na mesa. A pessoa se senta nele e come com o prato na altura dos olhos. Mas essa senhora não coleciona apenas esses móveis. Guarda jornais, revistas, rótulos de embalagens e latas de café. No seu armário há uma caixa com uma etiqueta "Corda muito curta para mim". Minha mulher foi visitá-la e ficou cheia de urticária.

A minha primeira bicicleta passou dos meus irmãos para mim. Quando ficou pequena para o meu tamanho, estava velha, então a joguei no lixo. No espaço de duas semanas, ela foi me devolvida três vezes por pessoas que consideraram um pecado jogar alguma coisa fora. Cresci no caminho do depósito de lixo. Nos sábados de manhã via as pessoas levando para lá, nas suas caminhonetes, o que já não queriam mais. Duas horas depois voltavam para casa com as caçambas ainda mais cheias.

Fico imaginando se nossa disposição de nos desfazer das coisas representa uma medida do nosso bem-estar espiritual. Vamos pensar nisto: a primeira atitude tomada pelos seguidores de Jesus foi abandonar seus bens. Jesus disse a Pedro e André: "Sigam-me", e imediatamente ambos deixaram suas redes e o acompanharam. Pedro e André não eram de nenhum lugar aqui por perto. Se fossem, teriam feito um brechó antes.

O mesmo é verdade em relação a Tiago e João. Deixaram seu barco e seu pai para seguirem seu mestre. Jesus também pediu ao jovem e rico governante que abandonasse suas posses, o que o rapaz não conseguiu fazer. Era excessivamente apegado a elas e foi embora triste. Posso dizer que foi a única vez em que alguém se afastou de Jesus em estado de tristeza. Tento me lembrar disso quando penso que as coisas vão me fazer feliz.

Embora Pedro tenha aberto mão de seus pertences para seguir Jesus, ele teve algumas dúvidas antes de fazer isso. Depois que o jovem rico foi embora triste, abordou o assunto com Jesus: "Vê, nós deixamos nossos bens e te seguimos" (Lucas 18:28).

A primeira vez que li esse trecho do Evangelho, pensei que Jesus iria punir Pedro. Mas isso não aconteceu. Creio que Jesus entendeu o medo que ele sentia de abandonar as coisas, pois as redes que o apóstolo deixara para trás eram uma segurança confortável. Jesus entendia a sedução das posses, porém sabia que elas oferecem uma falsa segurança e por isso desafiava seus seguidores a depositar sua confiança somente em Deus. Ele disse: "Se Deus veste assim a erva do campo, que hoje cresce e amanhã será queimada, quanto mais a vós, homens de pouca fé!" (Mateus 6:30). E também: "Procurai primeiro o reino de Deus e sua justiça e todas estas coisas vos serão dadas. Não vos preocupeis com o dia de amanhã" (Mateus 6:33-34).

Por séculos os cristãos exaltaram as riquezas da simplicidade. Nós nos propusemos a fazer o bem ao próximo, mas nos contentamos em cuidar do nosso próprio bem. Uma troca de pouco valor. Agora temo que estejamos nos perdendo com carros de luxo, casas sofisticadas e ricos fundos de aposentadoria. Pedimos ao Senhor o pão de cada dia e nos sentamos para o churrasco. Nossas despensas e barrigas estão cheias. No entanto, Jesus ensinou que quando nossas despensas estiverem cheias será o dia da nossa queda.

Acreditar nas coisas sempre foi um problema para o povo de Deus. O ano do Jubileu é descrito no Levítico, capítulo 25, logo depois da passagem do olho por olho, dente por dente. Gostamos tanto dessa parte que não a lemos mais e temos estado cegos e sem dentes desde então. Devíamos ter continuado a ler esse trecho para aprender a respeito do Jubileu.

O Jubileu foi a maneira que Deus encontrou de domar nosso desejo pelas coisas. A cada cinco anos, todas as terras voltavam aos donos originais. Quem tivesse escravos, os libertaria. Era uma das tradições religiosas menos populares e não era seguida com rigor. Na verdade, alguns professores dizem que nunca foi adotada, exceto uma vez, quando os israelitas, depois de provocarem a ira de Deus, tentaram voltar ao caminho correto. Hoje celebramos o Natal, que há muito tempo vem alimentando nosso materialismo.

Quando eu era garoto, conheci um homem chamado Harley Jacobs. Ele guardava tudo, não jogava nada fora. Em uma comunidade de pessoas comedidas, Harley era uma exceção, um homem obsessivo quanto a posses, sempre querendo mais. Quando ele morreu, seu filho separou e empilhou quarenta anos de coisas compradas e decidiu não se envolver. Desligou a água, o aquecedor, tirou a torradeira da parede e trancou a casa. Ele é um homem religioso e todo domingo de manhã reza para que um tornado se abata sobre a cidade e carregue a casa do pai. Suas preces não têm dado resultado – a casa continua firme, abarrotada até o teto.

Como mudo de casa a cada três anos e meio, meus filhos não terão esse problema comigo. Gosto de pensar que a habilidade que tenho de me desfazer das coisas se deve à minha maturidade espiritual, mas a verdade é que não suporto bagunça. Posso abrir mão dos bens materiais, porém tenho dificuldade em me livrar dos meus temores. Fico acordado à noite e me preocupo com o pagamento da hipoteca e com o que vai acontecer comigo quando eu ficar velho. Antes ficava acordado porque meus filhos tinham medo e precisavam de conforto. Agora eles estão mais velhos e são corajosos, enquanto eu sou mais velho e tenho muito mais temor. Aguardo ansioso por um novo Jubileu para que eu possa jogar fora os meus medos.

Capítulo 21

Tempo de rasgar

Fingidos

Quando nos mudamos para nossa casa, fiz uma assinatura da revista *CountryLife* para ler um pouco sobre a vida no campo. Eu comprara uma edição no supermercado porque a casa que aparecia na capa apresentava alguma coisa em comum com a nossa. Tinha portas, janelas e era pintada de vermelho. Havia um cupom para a assinatura na revista, oferecendo um desconto de 68% sobre o preço da banca. "Veja o quanto podemos economizar", disse à minha mulher, e preenchi o formulário.

Algumas semanas depois, recebemos uma carta de Claudia, da *CountryLife*. Ela foi muito delicada. Falou de sua satisfação por estarmos entrando para a família *CountryLife* e de sua certeza de que nos tornaríamos bons amigos, uma vez que tínhamos muito em comum. Claudia (já nos tratávamos pelo primeiro nome) nos dava parabéns pela grande economia que fizéramos ao assinar a revista naquela ocasião. Ela escreveu meu nome errado, mas o que é um pequeno erro entre amigos?

O primeiro número chegou exatamente quando estávamos prontos para colocar um novo piso de vinil na cozinha. Uma foto na revista mostrava uma cozinha com chão de madeira.

"Dê só uma olhada", disse a Joan. "Não é lindo?"

Ela concordou que era bonito, mas também muito caro e que não tínhamos como pagar. Lembrei-a da economia que fizéramos assinando a revista. Assim, por meros dois mil dólares a mais, mandamos instalar o piso de madeira.

"Vocês fizeram na hora certa", disse o instalador. "Nossos preços sobem na semana que vem. Economizaram um bom dinheiro." A revista já estava se pagando.

A edição seguinte da *CountryLife* mostrava um relógio antigo, de pêndulo. Alguns dias depois, passei por uma loja e vi um igualzinho na vitrine. Um belo relógio, feito à mão. Decidi dá-lo de presente a Joan. O próprio relojoeiro deixou-o na nossa casa.

Colocou-o na cozinha, próximo à porta dos fundos.

– Vocês compraram um lindo relógio – ele disse.

Perguntei-lhe sobre a garantia.

– Para toda a vida – respondeu. – Infelizmente é para toda a minha vida, e tenho 81 anos.

Depois que o homem saiu, Joan me perguntou por que eu lhe dera um relógio. "Tirei a idéia da *CountryLife*", respondi. "Não está contente por termos feito a assinatura?"

No ano seguinte, inspirado pela revista, comprei dois armários de louça, três lustres, oito cadeiras, um candelabro, dois quadros, uma colcha, um balanço para varanda e uma mesa. Nunca teria pensado nessas coisas se não fosse a *CountryLife*. Não fosse a revista, teria investido nosso dinheiro em coisas bobas, como em um fundo para pagar a faculdade dos meninos e em uma conta para a aposentadoria.

Nossa assinatura era de apenas um ano. Depois de oito meses, Claudia escreveu para dizer o quanto apreciara nossa amizade ao longo do ano anterior e que esperava que renovássemos a assinatura. Contou-nos, então, um segredinho. Como éramos amigos, se renovássemos a assinatura por mais dois anos, teríamos direito a um desconto de 72% sobre o preço de banca. Que bom negócio! Mostrei a carta de Claudia à minha mulher, que a tirou da minha mão, jogando-a no lixo.

"Esta revista vai nos deixar quebrados", disse Joan.

Respondi à carta, dizendo que não ia ser possível, que não dispúnhamos da quantia para a renovação.

No mês seguinte, Claudia voltou a nos escrever, sem acreditar que não tínhamos lhe dado resposta. Parecia que não tinha recebido a carta. Escrevi novamente, explicando, mais uma vez, que não queríamos renovar a assinatura, embora quiséssemos permanecer amigos. Acrescentei nosso telefone e um mapa para que nos visitasse um dia. Queria mostrar que não havia ressentimentos.

Claudia respondeu. Perder a mim, dizia ela, era um pouco como perder um amigo. Estava decepcionada. Pensava que eu apreciava nossa amizade. Na verdade, ela e todos na revista tinham se reunido para falar sobre o fato de eu não ter renovado a assinatura e queriam me oferecer uma cortesia! Haviam trabalhado por meses para escolher o presente acertado.

Foi terrível ler aquilo. Imaginei que a tinha ofendido. Escrevi dizendo que não era necessário me mandar um presente, que não estava zangado e que ainda podíamos ser amigos. Além disso, se Claudia me mandasse alguma coisa, eu teria que retribuir e não tinha condições de fazer essa despesa.

Na verdade, me preocupo com Claudia e espero que não se aborreça muito. Olhando para trás, vejo que ela levou a amizade mais a sério do que eu. Espero não ter feito nada drástico. Encorajei-a a entrar para uma Igreja ou um clube em que pudesse fazer novos amigos. Eu lhe disse que tinha a vida toda pela frente, que aquele era o primeiro dia da sua vida. Espero ter ajudado.

Não quero fazer críticas, mas essas pessoas que trabalham em revistas são sensíveis. Tive o mesmo problema com Harold, da *Newsweek*. Éramos amigos havia cinco anos, até que parei de assinar a revista e ele não falou mais comigo.

Não entendo como as pessoas são amigas e depois rompem o

relacionamento. Tenho quatro amigos que são meus amigos há anos. Eu poderia ter mais amigos, mas me falta tempo. Leva tempo para fazermos um amigo. Sempre achei que meus amigos são melhores para mim do que eu sou para eles. Mas são meus amigos assim mesmo. Nunca deveria ter concordado em estabelecer uma relação de amizade com Claudia. Ela queria mais de mim do que eu podia dar. Agora feri seus sentimentos e não sei como isso vai terminar.

Para falar a verdade, estou desapontado com Claudia e Harold. Espero muitas coisas dos meus amigos, como lealdade. Tento retribuir com bondade. Quando enfrentamos problemas, nós os contornamos. Não nos subornamos com presentes nem nos colocamos em situação de culpa. O que Claudia e Harold estavam pensando?

A palavra "amigo" perdeu o significado. Se passamos cinco minutos com alguém, de repente viramos amigos. Creio que as pessoas estão querendo ser agradáveis, o que é bom, mas o efeito disso é a desvalorizacão das nossas amizades mais duradouras. Hoje, "amigos" são as pessoas que chamávamos conhecidos; "bons amigos" são aquelas de quem gostamos; "velhos amigos" são as que conhecemos há muito tempo; e "amigos queridos" são as que chamávamos de "amigos" na época em que a palavra significava alguma coisa.

A perda do valor da nossa linguagem está ocorrendo porque as grandes corporações, como a empresa proprietária da *CountryLife*, usam essas palavras sagradas como ninharia. Não somos mais clientes, que é um termo frio e impessoal. Somos seus amigos! Sempre quis ser amigo de uma empresa, você não?

"Querida, ponha a mesa e use a melhor louça. Nossos amigos da Microsoft estão aqui!"

É tempo de rasgar. Estou fechando a porta para Claudia, que provavelmente nem é uma pessoa. Se eu telefonasse e mandasse chamá-la, a telefonista iria me transferir para o setor de assinaturas, onde todas as mulheres usam o nome Claudia, que é a senha para esse setor. Cem mulheres usando fones de ouvido, debruçadas em computadores, dizendo: "Alô, meu nome é Claudia. Posso ajudar?" Fico tentando imaginar qual Claudia era a minha amiga.

O autor dos Provérbios nos lembra: "Há companheiros que se maltratam entre si, mas há amigo mais leal do que um irmão" (Provérbios 18:24). Algumas traduções da Bíblia usam palavras como "fingidos" para falar dos que se passam por amigos. Para mim, é o que Claudia e Harold eram.

Tenho quatro amigos que atravessariam uma cortina de fogo por mim. Quando vou dormir e enumero as bênçãos que recebi, eles me vêm ao pensamento, logo depois da família e um pouco antes da minha casa confortável, que, como a da capa da revista, tem portas, janelas e é pintada de vermelho.

Capítulo 22

Tempo de costurar

Uma união

Minha mulher e eu começamos nosso namoro com um desentendimento.

Digo que nosso primeiro encontro foi no dia 9 de junho de 1982, em um passeio de bicicleta pelo campo em direção ao cemitério Sugar Grove Friends. Joan insiste que foi no mês seguinte, quando jantamos em um restaurante de rodízio de carnes na cidade. Na terceira picanha, eu já estava apaixonado. Na quarta, a pedi em casamento. Na quinta, ela disse que não, pois nunca aceitava pedidos de casamento no primeiro encontro.

Eu disse que não era a primeira vez que saíamos, mas a segunda. Ela respondeu que a visita ao cemitério não valia, porém eu disse que valia. Vivemos desde então com esse desentendimento. Apesar desse início tumultuado, temos desfrutado de um casamento relativamente cordial. Quando as crianças perguntam como nos conhecemos, digo que a mãe deles passeava em uma tarde, eu a vi da minha janela e saí correndo para me apresentar. Sempre houve muitas pessoas caminhando perto da minha casa, mas jamais saí correndo para falar com qualquer uma delas. No entanto, quando vi Joan, deixei essa tradição de lado e fui conhecê-la. No dia seguinte, 9 de junho, quando a vi novamente, convidei-a para ir de bicicleta ao cemitério quacre. Ela aceitou, e esse foi nosso primeiro encontro.

Joan estava na faculdade, morava longe de casa e trabalhava para se manter. Alugava um quarto e pagava pelas refeições na casa de Mary Wimsett. Foi o verão em que Mary morreu lentamente. Joan ficava acordada à noite, ouvindo os sons da morte. Eu a levava para passeios noturnos aos cemitérios locais. Um verão mórbido, e ela se sentiu secretamente aliviada quando as aulas recomeçaram.

Quando nos conhecemos, Joan tinha um namorado, o que não era impedimento para mim, pois eu sabia que nosso amor era coisa do destino. "Podíamos resolver logo isso", eu disse. Mas ela apresentou o namorado à mãe, um fato ameaçador. Na manhã em que foi para casa, peguei a bicicleta e pedalei mais de um quilômetro e meio até à sua cidade. Telefonei para avisar a Joan que, por uma extrema coincidência, eu estava por ali em um passeio ciclístico. Será que gostaria de jantar comigo?

Joan me convidou para jantar na sua casa. A mãe dela, que parecia um pouco confusa com a situação, serviu galinha frita. Mas eu não estava confuso. Na verdade, minha mente nunca estivera tão clara. O namorado devia sair de cena. Chamei-o de lado e falei das minhas intenções. Montei na bicicleta e voltei para casa, pensando em Joan ao longo de todo o caminho.

Fui para a varanda da casa de Mary Wimsett para esperar por Joan. "Vai haver um casamento", disse-lhe. Ela se sentou ao meu lado, lembrando-se de seu namoro com o falecido marido, H. O. Wimsett. Estava claramente a meu favor e prometeu que me ajudaria nos poucos dias que lhe restavam.

Quando Joan e o namorado chegaram, Mary Wimsett me aconselhou: "Seja educado e vá abrir a porta do carro para ela. As mulheres apreciam boa educação." Corri para abrir a porta para Joan. Foi uma emoção. Lembro-me do momento agora, em câmara lenta. Indo até o carro e abrindo a porta. Tomando-lhe a mão pequena e ajudando-a a sair. Ah, a emoção de tocar aquela mão maravilhosa. Senti um arrepio na espinha. Até hoje a sensação continua exatamente a mesma. Com meu gesto de delicadeza, o namorado, diminuído, entrou no carro e nunca mais se ouviu falar dele.

No fim de semana seguinte, levei Joan para jantar no restaurante de rodízio de carnes, onde a pedi em casamento e ela recusou. No ano seguinte, repeti a proposta uma vez por semana. Depois de um tempo, ela aceitou. Nós nos casamos na casa de encontros quacre, que é como chamamos nosso local de culto. Na hora de expressarmos os votos – as promessas que os casais se fazem –, eu estava tão emocionado que mal podia falar. Durante a prece das bênçãos, ouvia soluços atrás de mim. Era meu pai, igualmente comovido. Somos pessoas sentimentais.

Quando oficio uma união, leio as mesmas promessas que fiz no dia do meu casamento. "Na presença de Deus e diante dos amigos, recebo-te por minha esposa, prometendo, com a ajuda de Deus, ser-te fiel, amar-te e respeitar-te, todos os dias da nossa vida." Sempre que digo essas palavras minha voz fica embargada.

Realizo vários casamentos todo ano, mas não muitos porque não gosto. Parei de apreciá-los quando se tornaram uma indústria. Na época em que eram uma celebração religiosa para afirmar as bênçãos de Deus, eu gostava deles. No momento em que passaram a ser um show de moda, custando mais do que um carro, perderam o sentido. Se um casal quer que eu faça seu casamento, mas só fala da decoração e do quarteto de cordas, não pretendo ser parte disso.

Já que estou abordando esse assunto, aproveito para dizer que também não sou favorável a aconselhamentos aos noivos. Isso contraria a prática comum em alguns lugares de submeter os casais a testes psicológicos. Para mim, a melhor maneira de dizer se um casamento vai dar certo é ver se o homem abre a porta para a mulher. Se não abre, não terá por ela maiores considerações e o casamento está destinado ao fracasso. Qualquer homem que não abra a porta para sua mulher não vai se preocupar em baixar a tampa do vaso, o que todos sabemos ser a maior causa de divórcio. Os testes psicológicos não dizem se o marido vai deixar a tampa levantada. Na verdade, seu objetivo é ver o que o futuro casal tem em comum. Os especialistas acreditam que os interesses comuns são o segredo de um casamento bem-sucedido. Joan e eu temos pouco em comum – a não ser o fato de sermos extremamente devotados à pessoa com quem nos casamos.

Nosso teste pré-nupcial não foi favorável. Apontou a provável área de conflito – discussões a respeito de dinheiro. Principalmente porque não tínhamos nenhum. Fizemos então um plano de como gastar o que sobrasse depois de pagarmos os impostos. Dávamos 10% à Igreja e guardávamos outros 10%. Vivíamos dos cinco dólares que sobravam.

A tragédia que o teste previu jamais ocorreu. Nossa falta de recursos não nos fez brigar, mas nos desafiou a trabalhar como uma equipe. Permitiu que aprendêssemos a diferença entre desejos e necessidades e como encontrar a felicidade um no outro, e não nas coisas. Ouço dizer que isso aconteceu com milhões de outros casais, algo que as pessoas que criaram os testes jamais consideraram. Por isso não acredito em testes e ainda observo se o homem abre a porta para a mulher.

Os testes servem para nos convencer de que estamos fazendo alguma coisa para deter o grande número de divórcios. Mas a maioria dos estudos indica que os testes e a orientação aos casais oferecem apenas um benefício mínimo, se é que existe algum. A melhor previsão sobre nosso casamento é o do nossos pais. Se eles eram apaixonados um pelo outro, são boas as chances de que seremos também; caso contrário, diminui a probabilidade de termos uma união feliz. Não estou me baseando em estudos, é apenas um palpite.

Em uma tarde de domingo, quando nossos filhos eram pequenos, fiquei zangado com minha mulher e saí de casa. Fazia apenas vinte minutos que eu saíra, mas nesse tempo meus dois filhos perguntaram se um dia eu ia voltar. Se pudesse fazer o tempo retroceder, desfaria esse momento. Agora me preocupo se os meninos vão pensar que perder a paciência é a melhor maneira de resolver problemas. Assim, tenho que tentar solucionar isso.

Duas pessoas devem costurar juntas em um movimento sem fim. O casamento é uma colcha que nunca fica pronta. Muitos de nós pensam que o trabalho terminou quando dizemos "aceito". Eu também pensava, mas logo aprendi que não é assim.

Nosso jantar no restaurante custou 24 dólares e 13 centavos. Guardei a nota na caixa de charutos. Quando puxei a carteira para pagar, imaginei-me como um homem rico. Até hoje me lembro desse sentimento.

Agora estou aprendendo a ver onde está meu tesouro, e ele não está na minha carteira.

Capítulo 23

Tempo de calar

A respeito de sapatos confortáveis, velhos amigos e silêncio

Quanto mais velho fico, mais aprecio três coisas: sapatos confortáveis, velhos amigos e silêncio.

Há outras coisas de que também gosto, mas essas três são os ingredientes básicos para uma vida de qualidade. Sempre tive sapatos bons, mesmo quando não ganhava muito. Isso porque minha mãe me ensinou a nunca economizar em nada que ficasse entre mim e o chão. Quando compro sapatos ou pneus de carro, não conto tostões.

Meu amigo Jim é um homem sábio, exceto em relação a sapatos. Ele se vangloriava de comprar sapatos baratos. Por isso, agora tem problemas nos pés e mal pode andar quando se levanta de manhã. Já não se gaba mais dos sapatos. Mesmo que começasse a usar calçados bons, não ia adiantar mais. Se os pés já estão com problema, está feito.

Tenho pés saudáveis porque nos últimos vinte anos usei sapatos de couro legítimo de uma excelente marca, de tornozelos altos e feitos em fôrma, no tamanho 41. Compro um par novo a cada três anos. São caros, mas valem cada centavo. Tenho vários deles novos no armário, caso a empresa deixe de fabricá-los. Se estivesse enumerando as características de uma vida abençoada, sapatos confortáveis ficariam perto do ponto máximo.

Além dos sapatos, colocaria velhos amigos na lista. Não me refiro a amigos que conheço há muito tempo. Falo daqueles que, me parece, serão meus amigos para sempre. Conhecer uma pessoa há muito tempo não é uma indicação de que gostamos dela. Um velho amigo é alguém que não temos mais necessidade de impressionar. Possuo vários amigos comuns, mas apenas quatro velhos amigos. Não vou dar seus nomes porque não quero melindrar os outros.

O terceiro elemento da vida abençoada é o silêncio. Quanto mais envelheço, mais o almejo. As pessoas na minha família começaram a ficar surdas por volta dos setenta anos. Que maravilhosa coincidência começar a perder a audição exatamente no mesmo momento em que passamos a apreciar o silêncio. Quando alguém chega aos setenta anos, já ouviu os melhores sons que o mundo tem a oferecer – a voz de seus netos, uma boa música e o som dos gafanhotos. O silêncio para mim não significa uma atmosfera totalmente livre de sons, e sim sem o barulho provocado por rádios, vozes, motores, sirenes e televisão. Os sons naturais são agradáveis. Estou sentado no balanço da varanda e ouço apenas gafanhotos, grilos e sapos. É isso o que considero silêncio. Um silêncio maravilhoso. Mas, se o vizinho adolescente liga o carro, esse silêncio se acaba. O silêncio que almejo é o dos gafanhotos, dos grilos e dos sapos.

Cresci como católico, mas me tornei quacre aos 16 anos porque as meninas quacres eram mais bonitas do que as católicas. Além disso, os quacres cantavam com mais entusiasmo. A única coisa de que não gostava em seu ambiente era o silêncio. O pastor fazia a breve preleção e todos se sentavam em silêncio, levantando-se de vez em quando para oferecer uma mensagem do Senhor. Naquela idade, considerava aquilo chato e entediante, mas suportei pelas garotas. Agora, mais velho, estou na mesma igreja. O pastor faz a breve preleção e nos sentamos em sagrado silêncio. Nunca dura muito. Passam-se cinco minutos. Os jovens começam a se movimentar e a trocar bilhetes, porém eu aprecio o silêncio. Nos domingos faço o sermão e estico o tempo de silêncio até fazer sinal para Mike Neely iniciar os cânticos. Para mim, nunca há silêncio suficiente. Ele poderia durar dias.

Tenho amigos que sabem dizer exatamente em que dia se converteram ao cristianismo. Posso fazer o mesmo em relação ao silêncio. Tornei-me apreciador do silêncio e da quietude no dia 24 de julho de 1992, quando nosso primeiro filho nasceu. Nada contra meu filho, que amo profundamente. Estou apenas reconhecendo que há trocas na vida. Ou temos tranqüilidade e silêncio ou temos filhos. Não é possível possuirmos as duas coisas. Escolhi os filhos e os escolheria de novo. Mas sinto falta do silêncio.

Como não consigo ter silêncio em casa, quero tê-lo na igreja. Mas há dois tipos de igrejas quacres. Algumas delas contratam pastores e as pessoas os ouvem; outras não têm pastores e ouvem a Deus. Não é difícil imaginar o tipo que prefiro. A igreja que freqüento conta com o melhor dos dois mundos. Temos um pastor. Ele ouve a Deus e nós o ouvimos. Mas eu apreciaria se, uma vez por mês, pudéssemos ficar em silêncio e ouvir a Deus diretamente.

Inicio as manhãs com o silêncio, passeando pela floresta e pelos campos perto de casa. É um bom exercício, que pratico todos os dias, a não ser que chova ou eu perca a hora. Mas percorro essas trilhas ao menos uma vez por semana. Na verdade, ainda não comecei, mas estou planejando isso há algum tempo e vou fazer assim que encontrar as meias adequadas para usar com meus sapatos de couro. Podemos acabar com os pés se não escolhermos as meias certas.

As pessoas que percorrem essas florestas e campos falam-me sobre o passeio. Saem das trilhas ao lado da minha casa e me vêem no balanço da varanda. Ofereço-lhes um chá e nos sentamos para conversar. Descrevem o riacho, a pradaria e o silêncio. Sabem que vão encontrar o rio e o campo; o silêncio é uma surpresa. Mas ele está lá, esperando para saudá-las. Não há barulho de carro, rádios nem sirenes. Apenas a música da água sobre rochas e o canto dos pássaros de plumagem azul. Já é o suficiente para comprar as meias e começar.

Há um homem que mora mais abaixo e que todas as manhãs percorre as trilhas. É o silêncio que o atrai. Ele é aposentado. Trabalhava em uma grande empresa e cansou-se de ouvir as pessoas falando de dinheiro e sucesso. Agüentou esse ruído por trinta anos e se mudou para cá em busca de paz e silêncio. Quando chegou, era irritado, nervoso. Agora é sereno, calmo. Atribui sua cura ao silêncio, e eu acredito nele.

Certa manhã, quando conversávamos na minha varanda, citei um sábio pensamento do quacre William Penn: "O verdadeiro silêncio é um descanso para a mente. É para o espírito o que o sono é para o corpo – nutrição e revigoramento." O vizinho me disse que gostaria que alguém lhe tivesse dito isso quando ele tinha vinte anos. Argumentei que não era a hora, pois é preciso amadurecer para apreciar o silêncio – assim como os sapatos confortáveis.

A maioria das pessoas diz apreciar o silêncio, mas eu duvido disso. Se quisessem ter silêncio, elas pensariam duas vezes antes de encher a casa com coisas que fazem barulho. Por isso não tenho televisão – é um aborrecimento que pouco contribui para o bem-estar de uma alma. Sinto o mesmo em relação a poodles.

O barulho impede a paz interior porque nos distrai da auto-análise espiritual. Afasta-nos do entendimento do estado da nossa alma. O silêncio é a faca espiritual que deixa nossa alma aberta. Se nunca ficarmos em silêncio, jamais vamos analisar a verdade a nosso respeito. Por isso monges e quacres fazem silêncio: assim podem descobrir o que só é possível no silêncio.

Mas a auto-análise espiritual é dolorosa, e é por esse motivo que não há muitos monges e quacres.

Uma vez eu estava conversando com uma mulher quacre que acabara de perder o marido. Ela me disse: "Você vai me considerar louca, mas às vezes falo alto e finjo que ele está ouvindo. Uma vez olhei para a cadeira em que meu marido se sentava e poderia jurar que ele estava ali." Contou-me que o silêncio quacre não lhe trouxe paz, mas tristeza, pois a lembrava do quanto estava sozinha. Ela e o marido se sentavam à noite e conversavam sobre coisas que os casais conversam – filhos, vizinhos, o presidente, aonde ir nas férias. Agora ela não tem com quem falar, nenhuma voz a que deva responder. Disse-lhe que, se quisesse ir a uma igreja em que falassem mais, eu ia entender.

A maioria de nós precisa de mais silêncio do que tem. Outros possuem silêncio em excesso. As pessoas que necessitam dele não conseguem tê-lo. Esse é um grande problema, e se eu dispusesse de silêncio suficiente poderia imaginar como resolvê-lo.

Capítulo 24

Tempo de falar

Encontro anual

Todo mês de agosto, nós quacres temos um encontro anual em um celeiro abafado em Plainfield, no estado de Indiana. Fazemos isso desde 1856, agora já é tradição. Na segunda quinta-feira de agosto, ao meio-dia em ponto, fechamos a casa e vamos em peregrinação até lá. É possível acertar o relógio por nós.

Minha primeira visita foi em 1977 para assistir ao culto de domingo de manhã. Sentei-me ao lado de quacres da casa de encontros de Danville, bem atrás de Lawson Barber. Além de um coração bondoso, ele tinha um pescoço extremamente comprido. Passei todo o tempo contando quanto tempo uma gota de suor levava para escorrer por seu pescoço, do cabelo ao colarinho da camisa. Fui para casa e falei com meu pai sobre o suor de Lawson Barber e perguntei por que não instalavam aparelhos de ar condicionado na igreja. Ele me disse que os quacres eram contra e por isso havia poucos. Mesmo assim, decidi tornar-me um quacre. Nos terríveis dias de verão, lamento a decisão. Mas essa é a única hora. No resto do tempo gosto de ser um quacre, principalmente no outono e na primavera.

Meus pais instalaram aparelhos de ar condicionado em sua casa há alguns anos, os últimos da vizinhança a fazê-lo, a não ser por Marvin e Lorena Rutledge, que são quacres. Logo depois, fiquei por uma noite na casa dos meus pais. Dormi no andar de cima, na minha antiga cama. Foi exatamente como na infância, a não ser pelo ar condicionado. Naquela época dormíamos com a janela aberta, mas era quente à noite. Eu me deitava, ouvindo o trem que passava na fazenda de Joe Johnson todas as noites, às 23h07, em direção ao Oeste. Quando tinha 18 anos, queria pegar aquele trem e ir embora. Não importava para onde.

Agora, com o aparelho de ar condicionado, as janelas ficam fechadas e não ouço mais o trem das 23h07. Prestei atenção, mas não consegui. Fico pensando com o que os jovens da vizinhança sonham, agora que não ouvem o trem.

Meu pai não gosta de ar condicionado, então se senta à noite na varanda, onde fica bebendo chá e fumando. É possível ouvir o balanço da cadeira para frente e para trás e ver o pontinho vermelho da brasa do cigarro, que fica mais brilhante quando ele traga. Antes da instalação do ar-condicionado, todos ficavam nas varandas à noite, agora vêem televisão na sala. A não ser meu pai, que espera o trem passar às 23h07. Então apaga o cigarro e vai dormir.

Quando minha família se mudou para essa casa há mais de trinta anos, duas grandes árvores emolduravam a varanda da frente. Depois de 25 anos uma delas morreu, vítima de formigas-carpinteiras e de velhice. Papai mandou cortá-la. O jardim parecia desequilibrado. A outra árvore morreu naquela primavera. Como a morte vem em três, ficamos esperando a próxima. Dali a uma semana Lawson Barber morreu. Contamos os anéis nas árvores. Elas e Lawson tinham nascido no mesmo dia, uma estranha ironia.

Aquelas árvores protegiam a varanda do sol do final da tarde. Agora ali é um caldeirão fervente. Meu pai plantou outras mudas, mas leva muito tempo para que as árvores dêem sombra. Segundo ele, a varanda vai ficar fresquinha por mais vinte anos, mas, até lá, já não estará aqui. "Talvez você possa aproveitar", ele me diz. "Pode ser que se mude para cá e desfrute da varanda como eu."

Deram-lhe um orçamento de seiscentos dólares para cortar a segunda árvore morta, o que na época pareceu um absurdo. Ele encontrou uma equipe de poda fazendo um trabalho na casa de Roy Manor, e eles se ofereceram para cortar nossa árvore depois do horário por trezentos dólares – em dinheiro. Sem fazer perguntas. Disseram duas vezes: "Sem perguntas."

Naquela noite vieram à nossa casa e removeram os galhos. Deixaram três metros e meio do tronco em pé. Voltaram no dia seguinte para terminar. Começaram a cortar a árvore pela base, mas ela resistiu e eles estragaram a lâmina da serra elétrica. Retornaram no outro dia com uma serra ainda maior, que também quebrou. Finalmente, no quarto dia, conseguiram derrubá-la. No centro da velha árvore havia uma coluna de cimento em torno da qual ela crescera.

Eles deixaram o tronco deitado no quintal do meu papai. Não voltaram e papai não sabe como encontrá-los. O número de telefone era uma das perguntas que ele não podia fazer. A árvore era muito pesada para ser removida. Como há o poste de cimento, meu pai não conseguiu cortá-la. Está lá no chão, um tronco de três metros e meio com um coração de cimento. Aquela árvore era linda. Em todos esses anos nos maravilhamos com sua beleza, nunca imaginando que tivesse um coração de pedra. Sua aparência encantadora não combinava com sua dureza interior.

No domingo de manhã em que observei o suor de Lawson Barber, o ministro estava ensinando como nosso estado interior é mais importante do que nossa aparência. "Não se preocupem com o que vão vestir", disse parafraseando Jesus. Mesmo com 16 anos, ficou claro para mim que a maioria das pessoas ali não se preocupava muito com o que vestia. Elas não se importavam com a moda – usavam poliéster e xadrez. Em vez de desprezar suas roupas, eu admirava suas prioridades.

Vivemos em um mundo superficial. Passamos mais tempo nos olhando no espelho do que rezando. Bonitos por fora e duros por dentro. Aqueles de nós que mais precisam se voltar para seu interior se fixam no exterior. Lawson Barber balançava a cabeça enquanto o pastor falava, recebendo as palavras no coração. Mas ele não necessitava daquele ensinamento. As pessoas que deviam tentar aprender não estavam prestando atenção. Não é isso o que acontece muitas vezes?

No dia da abertura do nosso encontro anual, lemos alto os nomes dos quacres que morreram no ano anterior. Vítimas de acidentes de carro, cânceres, velhice e, em um ano triste, um amado pastor com a doença de Lou Gehrig, ou esclerose lateral amiotrófica. Se não lêem meu nome, agradeço a Deus por outro ano e ocupo meu lugar. Lidos os nomes, comentamos sobre os mortos. Educados, encontramos alguma coisa boa para falar de cada um deles, embora um ouvinte atento consiga perceber que é mais fácil elogiar algumas pessoas do que outras.

No ano em que Lawson morreu, tínhamos muito a dizer. Alguns mencionaram seu incansável trabalho na igreja. Outros, a sua leveza interior. Eu gostaria que ele estivesse presente para escutar. Não houve pausas embaraçosas. Foi fácil lembrar de coisas boas a seu respeito. Apenas uma voz atrás da outra falando da sua bondade.

Ainda me reúno com os quacres na segunda semana de agosto. Tudo mudou na minha vida, menos isto: no mês de agosto sempre estarei em um celeiro abafado em Plainfield. As coisas não se modificaram muito por lá, a não ser o fato de que Lawson e outros partiram – seus nomes são apenas uma suave reverberação no celeiro.

Espero que no momento em que meu nome for lido não haja pausas embaraçosas. Gostaria que dissessem que eu possuía um bom coração, uma leveza interior. Quando eu tinha 18 anos e ouvia os trens e sonhava, esse não era o sonho que acalentava para mim. Agora isso me parece uma ótima esperança, igual a qualquer uma e melhor do que a maior parte delas.

Capítulo 25

Tempo de amar

Amando os vizinhos

Algumas das maiores bênçãos na minha vida vieram por acaso.

Minha mãe conheceu meu pai aos 11 anos quando estava jogando basquete. Naquele dia ela quase foi ao cinema, mas decidiu ir jogar. Se ela tivesse decidido assistir ao filme, eu não estaria aqui.

Se um amigo não tivesse comentado sobre um bom apartamento vago, eu teria me mudado para outro lugar e não teria conhecido minha mulher.

Se Paul Harvey Jr. e Dina Kinnan não tivessem se apaixonado, talvez eu nunca tivesse publicado um livro.

Algumas pessoas chegaram aonde chegaram por meio do esforço e da inteligência. Eu dependo da sorte e de acidentes do destino. Em algum lugar no fundo da minha mente está a idéia de que Deus pode dar um jeitinho de vez em quando. Há muitas bênçãos, muitas coincidências, para que sejam apenas a sorte e o acaso me beneficiando na vida.

Como diz a escritora americana Madeleine L'Engle, "coincidência é Deus trabalhando no anonimato".

A maior sorte que tive recentemente foi ser vizinho de porta de Libby Eddy. Quando vimos nossa casa pela primeira vez, o corretor nos deu uma folha impressa com as qualidades do imóvel: três lareiras, uma sala de jantar, uma sala de estar, um porão, três banheiros, um lavabo, quatro quartos, uma garagem para dois carros e uma brisa fresca para cochilos no verão. Mas nada sobre Libby Eddy. No final da página estavam os acessórios: forno, lava-louças, janelas reforçadas. Mas nenhuma frase dizendo: "A bondosa senhora da casa ao lado vai gostar da sua família e dar sábios conselhos, mas apenas quando lhe pedirem." As melhores coisas sobre uma casa nem sempre estão na folha de computador que o corretor nos dá.

Esta é uma área nova, com famílias jovens descobrindo seus caminhos. Libby e o marido construíram sua casa em outubro de 1955. Trinta e cinco anos depois um incorporador construiu várias residências ao redor, e Libby tornou-se nosso centro, nossa âncora, nossa sábia de plantão. Nos lugares onde morei sempre havia uma pessoa sábia, cuja vida irradiava bom senso e virtude. Nós, jovens, nos instalamos cheios de orgulho, fazendo pouco dessas pessoas idosas, mas, em um ano, estamos batendo à sua porta pedindo conselhos.

Na época em que as pessoas não se mudavam para muito longe de casa, elas pediam orientações aos pais e avós. Hoje, com as famílias espalhadas por diferentes cidades, não temos com quem conversar e tomamos decisões terríveis. Como perguntar à avó como fazer biscoitos se ela está a quilômetros de distância? Tanta sabedoria perdida. Atribuo toda doença social a esse triste fator da vida moderna.

Libby Eddy é horticultora aposentada. Nós a consultamos sobre o que plantar e acabamos pedindo conselhos sobre educação infantil, investimentos e a indicação de um pintor. Ela acredita em plantar milho e abóboras, em educar filhos com expectativas claras e muito afeto, em ações de grande liquidez e em Larry Hart como pintor.

Há um homem na nossa cidade que, há dez anos, vendeu sua casa e foi para a Califórnia se encontrar com um guru "nova era" e descobrir os mistérios do universo. Voltou completamente sem dinheiro e sem um pingo a mais de sabedoria. Libby teria conversado com ele de graça.

Conheço Libby desde que eu estava na primeira série. Seu filho, Bill, me convidou para brincar depois da escola. Ela nos recebeu com biscoitos caseiros e chá, uma delicadeza que sempre oferece. Nessa ocasião eu a tratei por senhora Eddy, assim como na segunda visita. Depois de algumas semanas, porém, ela me disse para chamá-la de Libby, e assim o faço.

Estamos apreensivos. Nos últimos cinco anos, Libby enfrentou dois cânceres. Venceu o primeiro assalto da luta e, quando nos mudamos para cá, estava abalada, recuperando-se do segundo. Quase não quis reatar a amizade, temendo que fosse morrer logo e a perda nos causasse dor. Mas é impossível ser vizinho de Libby e não ser seu amigo. Em uma semana eu já estava na cozinha comendo biscoitos e bebendo chá. Ela preparava o chá, apertava os olhos (ela se parece um pouco com Katharine Hepburn) e perguntava: "Você ainda adoça o chá?"

Escrevo no quarto do segundo andar, na água-furtada. A janela dá para a casa de Libby. Nós nos mudamos no meio da primavera. Eu a via caminhando de bengala pelo jardim, enfraquecida pelo câncer e com uma perna quebrada. Seus filhos, Bill e Kathy, a fizeram prometer que não ia trabalhar, mas, assim que a caminhonete deles sumia na estrada, ela pegava o cortador de grama e ficava para cima e para baixo no jardim. Sua única concessão à doença era permitir que os entregadores de jornal o levassem até à soleira da porta.

Bill a visitava na hora do almoço. Trabalho com a janela aberta e podia ouvir a caminhonete chegando. Ele saía do carro, ia até à calçada, abria a porta da frente e perguntava em voz alta: "Como está se sentindo hoje?" Ele é um bom filho. Quando a doença estava no pior estágio, Bill visitava a mãe quase todos os dias. Kathy telefonava à noite, depois do trabalho, e também nos fins de semana. Se um dia eu tiver câncer e meus filhos me derem atenção como os de Libby, ficarei feliz.

No outono, Libby estava andando sem a bengala, arrumando o plástico para proteger as roseiras. Em uma tarde de outubro veio nos visitar. Eu estava aparando a grama e Joan jogava bola com os meninos na lateral da casa. Desliguei o cortador e fui me encontrar com Libby, que conversava com minha mulher.

"Acabei de voltar do médico", ela contou. "Ele disse que o câncer se foi. Eu consegui. Sobrevivi."

Nós a abraçamos, alegres. Que vitória maravilhosa, gloriosa. Os meninos sorriram. Não entendiam bem a notícia, mas suspeitaram de que fosse boa. Voltei ao cortador de grama e olhei para Libby e Joan, que estavam conversando, rindo. Joan gosta muito de Libby. Sua mãe mora a duas horas daqui e Libby está do outro lado da rua. Minha mulher prepara um prato e o leva para Libby, uma desculpa para visitá-la e conversar.

Joan entra e me diz: "Espero que quando tiver a idade de Libby, eu seja como ela." Desejo estar vivo para ver. O marido de Libby não está, morreu em 1993. Penso na tristeza que Libby suportou desde então e me maravilho com sua força. Mas a força não vem em águas fáceis, confortáveis e calmas.

Estou pensando em cuidar do meu quintal. Libby me disse que alguns fazendeiros ao longo da estrada amontoaram pedras nos cantos dos pastos e que podemos apanhá-las à vontade. Ela me deu também o nome do melhor lugar para comprar terra arável, arbustos e árvores e me orientou sobre quando plantar.

"Tente um bordo negro", ela disse. "É uma árvore maravilhosa."

Fui à estufa e perguntei a um jovem recém-saído da faculdade se ali havia bordos negros. Ele riu e disse que essa árvore não existia. Um senhor de avental, empregado da estufa, nos interrompeu: "É uma árvore maravilhosa, mas ninguém a quer mais. Onde ouviu falar de bordo negro?" Disse que qualquer pessoa que conheça um pouco de árvores conhece bordos negros. Falei olhando fixamente para o jovem presunçoso.

Espero passar mais tardes de inverno na casa de Libby planejando meu jardim. Ela tem fotos e livros e muito material sobre o assunto para me mostrar. Já acertamos os dias e vamos trabalhar.

Eu poderia viver em qualquer outro lugar, mas tive a sorte de morar ao lado de Libby Eddy. À noite, a luz externa do seu celeiro entra pela nossa janela e inunda o quarto, quebrando a escuridão.

Jesus no disse para amar o próximo. Que coisa fácil para mim.

Capítulo 26

Tempo de odiar

Quando éramos crianças

Quando era adolescente e me tornei quacre, o pastor me chamou para dizer que alguém da nossa igreja ia ser indicado para me ensinar sobre a fé.

Esperava que me enviassem uma bela adolescente como orientadora, uma beleza que se sentaria a meu lado e, ao longo de várias noites, me ensinaria sobre a vida cristã. Mas veio Carolyn Kellum, com quase setenta anos e pacifista – a primeira pacifista que conheci. Que experiência! Ela quase me fez esquecer as garotas. Quase.

Todos os que eu conhecia declaravam: "Claro que não gosto de guerra, mas...", e aí enumeravam as circunstâncias em que um cristão pode odiar alguém a ponto de dar-lhe um tiro. Carolyn disse-me de forma direta que os cristãos deviam amar, e não odiar, os inimigos. Caso encerrado.

"Não acredite nesses pregadores que afirmam ser possível amar o inimigo e mesmo assim matá-lo. Não se pode fazer isso", ela assegurava.

Isso ocorreu há 22 anos. Desde então, tenho tentado – sem sucesso – encontrar um jeito de odiar certas pessoas e mesmo assim caminhar ao lado de Jesus. Se você conseguiu, diga-me como. Há várias pessoas que eu adoraria odiar se eu soubesse que conseguiria.

Desde garoto procuro imaginar o que significa ser adulto. Meu filho mais velho tem seis anos. Quando eu tinha essa idade, pensava que a fase adulta vinha com o envelhecimento. Claro que não é assim. Todos nós conhecemos pessoas com mais de cinqüenta anos que não são adultas.

Quando minha avó Norma era pequena, ela achava que um adulto era alguém que podia tomar sorvete sempre que quisesse.

Na minha época de adolescente, eu acreditava que adulto era quem fazia sexo. Creio que muitos adolescentes pensam assim, razão pela qual tantos deles experimentam o sexo. Levei muitos anos – e passei por muito sofrimento – para aprender que os adultos de verdade não permitem que seus hormônios tomem as decisões que cabem mais ao cérebro.

Quando terminei o ensino médio, considerava adultos todos os que tinham empregos e se sustentavam. Estava certo em parte. Naturalmente, ser adulto significa mais do que tomar conta de si mesmo, mas já é um bom começo. Há pessoas que nunca chegam a esse ponto.

Depois de me casar, passei a acreditar que adulto era quem cuidava bem não só de si como também da família. Alguém capaz de deixar de lado a satisfação pessoal em benefício do outro, que preferisse ficar em casa a pular de bar em bar, que fosse a reuniões de pais em vez de ficar em casa assistindo ao jogo. Isso é uma boa parte do que significa ser adulto – a habilidade de cuidar dos demais e de si mesmo, de abrir mão dos desejos pessoais em favor do que é bom para uma pessoa amada. Mas não é tudo.

Há mais.

Finalmente, ser adulto significa que sabedoria, razão e amor ditam nossas escolhas. Em oposição a emoções, desejos e impulsos.

Por exemplo, as pessoas que cometem adultério ou sacrificam a família em favor da carreira se renderam a emoções, desejos e impulsos. Deixaram de tomar decisões importantes com base na sabedoria, na razão e no amor. Vivem como crianças, e não como adultos.

Se nos permitimos odiar os outros e fazemos escolhas com base no ódio, e não na sabedoria, na razão e no amor, não somos adultos. Nesse caso, estamos permitindo que emoções e impulsos ditem nossas ações. Adultos não fazem isso; crianças, sim.

Um grande problema dos dias de hoje é que muitos adultos não amadureceram. Suas escolhas são dirigidas por emoções, desejos e impulsos, não apresentam nenhum traço de moralidade, razão e sabedoria. Eles desejam sem restrição. Satisfazem todos os desejos materiais. Descuidam-se dos que dependem deles. Deixam que o ódio tome conta da sua vida. Isso significa que não amadureceram. Circulam em corpos adultos. Têm responsabilidades de adultos. Mas, no fim, causam sua ruína e a dos outros, pois suas escolhas são conduzidas pelas forças erradas.

Agora vou contar uma mentira. O ódio é uma emoção que não podemos evitar. É um sentimento que não conseguimos vencer. Se odiamos alguém, é porque não somos capazes de impedir que esse sentimento surja. Somos humanos. Não temos outra escolha, só odiar. Isso é mentira. Infelizmente, uma mentira na qual muitos acreditam. Crêem nela para justificar seu ódio. Afinal, se esse é um sentimento que simplesmente não conseguimos evitar, então nunca somos culpados por ele existir, não é mesmo?

Mas podemos evitá-lo. O ódio é uma escolha. Escolhemos odiar da mesma forma que escolhemos amar. Sei que há pessoas que acreditam que amar não é uma escolha, que é basicamente uma emoção, um sentimento, um frio na barriga. E são exatamente elas que se divorciam depois de seis meses de casadas; as que amam a idéia do amor, mas parecem incapazes de senti-lo. O amor é uma questão de vontade – é algo que decidimos fazer, uma escolha.

E o ódio também. Esse sentimento é uma coisa que nós escolhemos. Podemos odiar nossa ex-mulher, muçulmanos, negros, brancos, amarelos ou homossexuais, mas não temos necessariamente que odiá-los. A decisão é nossa.

O ódio é o refúgio dos que não querem amadurecer. Quem odeia tem moral infantil, é uma criança eterna, que despeja raiva e não encontra seu caminho. Quando meu filho de seis anos age assim, consigo compreender. Não desculpo sua atitude, porém a entendo. Então me esforço para que ele mude. Digo-lhe que o ódio nunca é aceitável. Dá medo pensar que muitos pais soltam os filhos no mundo sem lhes ensinar isso.

Se há um tempo de odiar, como o Eclesiastes sugere, é quando somos crianças, uma época em que não sabemos de nada e pensamos que o ódio é algo que não conseguimos evitar. O apóstolo Paulo sabia disso. Em 1 Coríntios 13:11-12, ele diz: "Quando era criança, falava como criança, pensava como criança, raciocinava como criança; quando me tornei homem, abandonei as coisas de criança, agora inúteis." Como Paulo estava escrevendo sobre o amor, entendo que o que ele deixou de lado foi o ódio. Quando fez isso ao amadurecer, foi capaz de apreciar o transformador poder do amor.

Era isso o que Carolyn Kellum queria me ensinar quando me tornei cristão. Mas eu estava muito ocupado pensando nas garotas para lhe dar atenção. Naquela época eu falava e raciocinava como criança. Agora estou tentando deixar minha parte infantil de lado. Não é fácil. A maturidade espiritual é um processo que se estende por toda a vida enquanto fazemos uma escolha de cada vez.

Às vezes, depois de ler o jornal com tantas notícias sobre mortes, coloco-o de lado, fecho os olhos e sonho com um mundo em que a única coisa que as pessoas odeiam é o ódio.

Capítulo 27

Tempo de guerra

Defesa Civil

Depois de seis meses de volta a esta cidade, percebi que as placas da Defesa Civil, nas cores preta e amarela, tinham desaparecido.

Elas ficavam ao lado de cada entrada do tribunal. Também havia placas no edifício Hargrave, na Faculdade Central para Professores do Normal e no porão da Igreja Cristã, na rua principal. No caso de uma guerra nuclear, devíamos nos dirigir com nossas famílias ao tribunal, à faculdade ou à Igreja Cristã, onde ficaríamos até a guerra acabar, escapando incólumes e continuando nossa vida.

Se estivéssemos na escola na hora da bomba, devíamos agir como nos treinamentos no caso de tornados – nos sentar no corredor com a cabeça entre as pernas. O treinamento era realizado três vezes por ano. O senhor Michaels anunciava ao microfone o ataque de uma bomba. Nós nos levantávamos solenemente, marchávamos para o corredor e tomávamos nossas posições. Eu me sentava com a cabeça entre as pernas, preocupado se meus pais teriam conseguido chegar ao tribunal. Depois de um tempo, aprendi a distinguir entre treinamento e situação real. Se o senhor Michaels lesse o cardápio do almoço após nos avisar do ataque, eu sabia que era apenas treinamento.

Morávamos perto do tribunal, então era para onde nossa família seguiria, caso a sirene tocasse três vezes. Um toque sempre indicava que era hora do almoço. Wally Clark colocava no chão sua chave inglesa no posto de gasolina e ia almoçar. Dois toques avisariam sobre um tornado. Devíamos correr para o porão de casa. Três toques dariam o sinal da bomba. Algumas vezes por ano a sirene emitia dois toques. Prestávamos atenção para ver se vinha o terceiro, mas isso nunca ocorreu. Corríamos para os porões, agradecendo a Deus por ser apenas um tornado.

Quando criança, preocupava-me com a má pontaria russa. Temia que, em vez de atacarem a Companhia de Motores Allison, 32 quilômetros a leste, pudessem atingir nossa cidade. Os russos, como me ensinaram, eram comunistas ateus, que nos obrigariam a repudiar nossa fé cristã ou morrer. Criança, eu tinha forte tendência ao drama e imaginava toda a cidade renunciando à fé, sendo eu o único a permanecer leal. Mas os russos jamais chegaram, para grande decepção dos homens da cidade, que passaram muitas horas planejando nossa defesa, e de outros tantos que sonhavam com uma morte de mártir.

O coronel C. Kerney trabalhava no programa da Defesa Civil da cidade. Era um veterano da Segunda Guerra Mundial e membro da Igreja Católica Maria, Rainha da Paz, onde sua mulher, Dorothy, tocou órgão por 27 anos. Ele dirigia uma caminhonete verde-oliva e usava calças na mesma cor enfiadas nas botas do Exército. Tinha três filhos – Robert Lee Kerney, George Patton Kerney e John Pershing Kerney, cujos nomes homenageiam generais americanos. As duas filhas eram Margaret, o nome de uma santa, e Ann, que recebeu esse nome porque todas as Ann que a senhora Kerney conhecia eram doces.

O coronel C. Kerney era membro da cavalaria e participara da última batalha eqüestre da Segunda Guerra Mundial. Lutou nas Filipinas, sob as ordens do general Douglas MacArthur, mas o coronel não deu esse nome a nenhum dos filhos. Quando a maré virou contra os americanos nas Filipinas, MacArthur deixou o campo de batalha, mas o coronel Kerney permaneceu.

Como os suprimentos foram cortados, as tropas da cavalaria tiveram que comer os cavalos para não morrer de fome. Os soldados foram capturados pelos japoneses. O coronel Kerney foi o primeiro oficial a fugir do campo de prisioneiros e voltar à luta. Ao sair das Filipinas, MacArthur disse que voltaria, mas o coronel Kerney, de Danville, Indiana, chegou primeiro.

Quando eu era jovem e freqüentava a Igreja Católica Maria, Rainha da Paz, observava o coronel e sua família sentados três bancos à frente. Não havia ninguém como ele em toda a cidade, e eu não conseguia ter uma opinião a seu respeito. Isso foi durante a Guerra do Vietnã, época em que o militarismo levantava suspeitas. Como eu era jovem, o considerava apenas uma relíquia, não tinha nada a ver com ele.

Durante todo o tempo em que vivi aqui, jamais modifiquei essa opinião a seu respeito. Quando me mudei, me esqueci dele. Voltei e percebi que as placas da Defesa Civil tinham desaparecido e o coronel também. Ele morreu em 1991; desde então, não houve mais ninguém que recolocasse as placas.

Somente quando conversei com a viúva, tomei conhecimento desses fatos a respeito do coronel Kerney. Jamais soubera que ele tinha lutado na Segunda Guerra Mundial, que quase morrera de fome, que fora feito prisioneiro nem que escapara do campo, voltando a lutar. Gostaria de ter sabido. Talvez pudesse ter tido pensamentos mais bondosos em relação a ele. Mas não estou certo disso. Eu era jovem, sem capacidade de avaliação.

Dois dos mais dedicados pacifistas que conheço são meus amigos – George Rubin e Ray Stewart. Ambos tornaram-se pacifistas quacres depois de lutar na Segunda Guerra Mundial. Para mim isso é um mistério – como algumas pessoas, após participar de uma guerra, tornam-se pacifistas, enquanto outras dão aos filhos nomes de generais. Sei que George, Ray e o coronel Kerney fizeram o que consideraram certo. Eu não ousaria condenar suas escolhas por medo de desonrar suas contribuições, que realmente aprecio.

Meu filho mais velho é aluno da mesma escola em que estudei. Lá o treinamento ainda é feito três vezes por ano para o caso de ocorrer um tornado. As crianças marcham solenemente até o corredor, onde se sentam com a cabeça entre as pernas. O treinamento para o caso de bombas deixou de ser aplicado. Não é necessário. Não sei bem a quem agradecer por isso – a Ray, a George ou ao coronel Kerney. Mas sou grato por meu filho não ter as preocupações que eu tinha. E rezo a Deus para que isso jamais mude.

Capítulo 28

Tempo de paz

O verão

Só é possível perceber todo o esplendor da nossa cidade quando o verão chega. No inverno ela é como qualquer outra cidade pequena. A neve torna-se cinza depois de uma semana, o sol não aparece e arrebentamos os pneus em buracos lamacentos. O outono é melhor do que o inverno, mas temos que varrer as folhas. Além disso, o inverno está chegando, e isso diminui nosso entusiasmo. O outono é como viver sob a sombra de uma doença terminal. A primavera é extraordinária, mas, por causa dos tornados, é difícil aproveitá-la. Tudo isso faz do verão a estação perfeita – sem buracos lamacentos, sem folhas para varrer e sem tornados. Um tempo de paz.

No verão, nosso ritmo diminui. A escola fecha e as igrejas seguem o horário de verão. Na cidade, estão pensando em fazer a escola funcionar o ano inteiro. Isso é uma grande heresia e não daria certo por aqui. Alguns educadores dizem que deixar as crianças de folga no verão significa perder três meses de aula – uma afirmação falsa e também arrogante. As crianças precisam aprender muitas lições, das quais apenas algumas são ensinadas na escola.

Até agora, durante os verões, tenho ensinado meus filhos a jogar beisebol, a arrancar carrapatos, a encontrar a Ursa Maior, a fazer comida de beija-flor e a pintar um balanço de varanda da melhor maneira possível. Certa vez, quando a luz acabou, eu lhes mostrei como fazer um gerador funcionar e como acender um lampião. Eles também já sabem distinguir o cardeal macho da fêmea.

Embora tenha feito progressos com os meninos, ainda há muita coisa que eles devem aprender.

Tenho que lhes ensinar como trocar o óleo e afiar a lâmina do cortador de grama. Eles têm que aprender a remendar pneus de bicicleta, a colocar a isca no anzol e a limpar o peixe que pescarem. Ainda não sabem dizer se o milho está pronto para ser colhido nem como cozinhá-lo. Por enquanto só sabem andar de bicicleta com rodinhas. Também não tive a oportunidade de lhes mostrar como prender um pedaço de plástico na forquilha da bicicleta para que encoste nos raios e faça barulho, como transformar uma caixa de papelão em forte nem como preparar cabaças para construir casas de passarinho. Essas são coisas boas que eles devem saber e que as escolas não têm como lhes ensinar. Foi por isso que Deus criou o verão.

Quando eu era pastor na cidade, fiquei surpreso ao saber que havia escola dominical durante o verão. Acabei com isso. "É uma questão de obediência sagrada", lhes disse. E assim foi feito nos oito anos em que fui pastor ali. Também cancelei a maioria das reuniões do comitê durante o verão. Essa não é a época de nos sentarmos no porão da igreja para falar de negócios. Se o objetivo é nos encontrarmos, vamos nos visitar depois do jantar e conversar na varanda.

Também não gostava de dar aconselhamento no verão. Quando as pessoas me telefonavam com problemas, dizia para darem uma volta no quarteirão ou visitar os vizinhos. Há poucas aflições que não possam ser aplacadas com um passeio à noite nessa época do ano. Já vi depressões irem embora, reconciliações em casamentos e bebedeiras curadas por passeios no verão. Se isso não ajudar, uma caneca de chá gelado de raízes de plantas do Mug-N-Bun vai solucionar o problema mais renitente. Esse chá é um maravilhoso elixir. Em mais de uma ocasião levei uma alma fraca e trêmula ao Mug-N-Bun, ajudei-a a levar a caneca aos lábios e a vi voltar à vida. O Mug-N-Bun abre apenas no verão, outra razão para a glória dessa estação sem rivais.

Essas são apenas algumas das maravilhas do verão da nossa cidade. Mas há outras, e a melhor é a programação infantil do parque. O projeto teve início em 1948 e ainda existe. Contrataram o senhor Robert Leedy para supervisionar os jogos de basquete. Ele fez isso todos os verões, por trinta anos. Rosemary Helton dava aulas de tênis, e as mulheres da Tri Kappa, uma organização filantrópica do estado de Indiana, ensinavam trabalhos manuais às crianças, como fazer gravuras com macarrão cru e porta-lápis de latas de sopa.

Eu tinha seis anos quando comecei a participar da programação do parque e continuei a fazer isso até entrar para o ensino médio. Duas horas de basquete toda manhã. De segunda a sexta, sob o olhar atento de Robert Leedy. Ele era magro como um canudo, tinha sempre uma palavra amiga e um notável talento para dizer a hora pelo sol.

– Que horas são, senhor Leedy? – perguntávamos.

Ele olhava o sol, as mãos sombreando os olhos:

– Nove e quarenta e cinco – respondia.

Nenhum de nós tinha relógio para conferir sua precisão, mas sua convicção era tanta que jamais duvidávamos.

O senhor Leedy morreu em 1989, mas não sem preparar o sucessor, Steve Johnson, que hoje cuida da programação do parque. Steve está lá desde 1974 e já introduziu algumas mudanças. Toda quinta-feira era o Dia do Picolé, mas, como o dinheiro para essa compra diminuiu, a data agora só é celebrada uma vez por mês. Entre as novidades positivas está o fato de Milton Stout trazer minipôneis para que as crianças brinquem.

E em um dia específico o Corpo de Bombeiros as leva em seu caminhão para darem uma volta no parque.

De segunda a sexta-feira, às 9h30, deixo meus filhos no parque e os apanho duas horas depois. Eles ainda são pequenos, dedicam-se aos trabalhos manuais. Chegam em casa com gravuras feitas de macarrão cru e porta-lápis montados com latas de sopa.

Duas vezes por semana jogam basquete. Em casa, comentam a respeito do jogo durante o almoço, mencionando lances mirabolantes, dribles e outras maravilhas.

"O senhor Johnson sabe ver as horas pelo sol", contam.

Faço questão de elogiar sua habilidade.

Nos mais de cinqüenta anos da programação, os organizadores jamais cobraram pela entrada. Quando começou, era grátis, e ainda é. Perguntei a Steve Johnson de onde vem o dinheiro.

"Não tenho idéia", respondeu.

Meu pai trabalhava para a prefeitura. Perguntei-lhe de onde vem o dinheiro. De impostos, me disse. A não ser o do picolé, que agora é fornecido pelas senhoras da Tri Kappa. Essa é uma cidade avessa a todo tipo de imposto. Mas qualquer sugestão de prejudicar a programação do parque para economizar gera protestos. Já basta termos reduzido os picolés, dizem as pessoas.

Moro nesta cidade porque em 1957 meu pai aceitou um trabalho em Indianápolis e passou por aqui com minha mãe e minha irmã, procurando uma casa. Eles chegaram em um sábado pela manhã, era verão. Em vez de passar direto pela estrada 36, meu pai virou à direita na loja de quinquilharias e deu uma volta na praça. Foi exatamente no dia em que Johnston Regal contratou um caubói para fazer demonstrações com um laço na calçada na frente da sua mercearia, ao lado de um cartaz que dizia: "Venha laçar um ótimo negócio! Hambúrguer – mais de um quilo por um dólar!"

Do banco de trás do carro minha irmã viu o caubói e gritou para que a deixassem sair. Papai estacionou e eles ficaram olhando o caubói, com seu chapéu e suas botas, rodando o laço em um sábado de verão.

Havia outro homem ali, magro como um canudo, um certo senhor Robert Leedy, que conversou com meus pais sobre a programação, o Dia do Picolé e como dizer as horas pelo sol. Quando voltaram para o carro, eles já tinham resolvido ficar.

Saí da cidade aos 18 anos. Eu pensava que seria para sempre. Voltei agora, vinte anos depois. O senhor Robert Leedy já morreu, mas Steve Johnson está aqui. E fala em trazer de volta o Dia do Picolé. Ele me prometeu que uma horas dessas vai me ensinar a dizer as horas pelo sol, que é mais uma coisa que não aprendemos na escola, e também me mostrar por que o verão é a melhor das estações.

Houve um tempo em que eu era grato a Deus apenas pelas bênçãos evidentes que Ele me concedia. Agora o que valorizo são essas glórias sutis – a paz de uma manhã de domingo e dois garotinhos que ainda têm tanto a aprender.

CONHEÇA OS 30 CLÁSSICOS DA EDITORA SEXTANTE

O Código Da Vinci, *Anjos e Demônios* e *Fortaleza Digital*, de Dan Brown

Pais brilhantes, professores fascinantes, *Nunca desista de seus sonhos* e *Você é insubstituível*, de Augusto Cury

O monge e o executivo, de James C. Hunter

Um dia "daqueles", *O sentido da vida* e *Querida mamãe, obrigado por tudo*, de Bradley Trevor Greive

Por que os homens fazem sexo e as mulheres fazem amor?, de Allan e Barbara Pease

Os 100 segredos das pessoas felizes e *Os 100 segredos das pessoas de sucesso*, de David Niven

Enquanto o amor não vem, de Iyanla Vanzant

A última grande lição e *As cinco pessoas que você encontra no céu*, de Mitch Albom

A Dieta de South Beach, de Arthur Agatston

O ócio criativo, de Domenico de Masi

Não leve a vida tão a sério, de Hugh Prather

O Poder do Agora, de Eckhart Tolle

A vida é bela, de Dominique Glocheux

Palavras de sabedoria e *O caminho da tranqüilidade*, de Sua Santidade, o Dalai-Lama

Muitas vidas, muitos mestres e *Só o amor é real*, de Brian Weiss

Histórias para aquecer o coração, de Jack Canfield e Mark V. Hansen

Conversando com os espíritos, de James Van Praagh

Aprendendo a gostar de si mesmo, de Louise Hay

Mantenha o seu cérebro vivo, de Lawrence Katz e Manning Rubin

Aprendendo a silenciar a mente, de Osho

INFORMAÇÕES SOBRE OS PRÓXIMOS LANÇAMENTOS

Para receber informações sobre os lançamentos da EDITORA SEXTANTE, basta enviar um e-mail para atendimento@esextante.com.br ou cadastrar-se diretamente no site www.sextante.com.br

Para saber mais sobre nossos títulos e autores, e enviar seus comentários sobre este livro, visite o nosso site: www.sextante.com.br

EDITORA SEXTANTE
Rua Voluntários da Pátria, 45 / 1.404 – Botafogo
Rio de Janeiro – RJ – 22270-000 – Brasil
Telefone: (21) 2286-9944 – Fax: (21) 2286-9244
E-mail: atendimento@esextante.com.br